城市交通网络的健康规律研究

李大庆　曾冠文　著

科 学 出 版 社
北　京

内 容 简 介

一个安全、高效、可靠运行的交通系统是城市治理核心目标之一。面向超大城市交通复杂系统的可靠性管理，本书提出以“健康”为导向的可靠性管理，基于城市交通健康规律研究，从交通复杂性、交通健康内涵、交通健康指标体系、交通健康管理框架等方面展开，从不同时空尺度挖掘城市交通复杂巨系统的健康模式，提炼城市交通流网络的健康规律，希望对城市交通健康管理的决策支持和系统设计有所启发，进一步丰富复杂系统管理的内涵。

本书适合从事复杂系统可靠性管理研究的学者以及技术人员阅读，也适合交通可靠性、网络可靠性等方向的大专院校学生，以及对复杂系统管理感兴趣的读者阅读。

图书在版编目（CIP）数据

城市交通网络的健康规律研究 / 李大庆，曾冠文著. —北京：科学出版社，2022.9

ISBN 978-7-03-071082-6

Ⅰ. ①城…　Ⅱ. ①李…　②曾…　Ⅲ. ①城市交通-网络系统-研究　Ⅳ. ①U491.1

中国版本图书馆 CIP 数据核字（2021）第 271144 号

责任编辑：陈会迎/ 责任校对：贾娜娜
责任印制：张　伟 / 封面设计：有道设计

科学出版社 出版
北京东黄城根北街 16 号
邮政编码：100717
http：//www.sciencep.com

北京建宏印刷有限公司 印刷
科学出版社发行　各地新华书店经销

*

2022 年 9 月第　一　版　开本：720 × 1000　B5
2023 年 9 月第二次印刷　印张：5 3/4
字数：120 000

定价：98.00 元

（如有印装质量问题，我社负责调换）

前　言

城市交通系统的运行包含人、车、路等各类交通要素及其相互作用，是一个开放的、动态的复杂巨系统。这个复杂巨系统的交通资源供给和需求时空不匹配形成特有矛盾，是造成城市拥堵的主要原因，也是城市交通治理的“痛点”所在。城市居民出行高峰时段交通量剧增，伴随可能的极端天气、大型活动等事件引发通行能力显著下降，让这一供需矛盾变得尤为激烈，给城市交通造成巨大的运行压力。如果不能够及时地对城市交通进行疏解，拥堵就可能由若干路段传播扩散，引发区域性的交通瘫痪，情况严重时甚至会导致全市范围的大规模拥堵和系统崩溃，造成的经济损失、环境污染甚至心理压力（如“路怒”现象）等社会成本惊人。

随着信息技术的发展，大数据、云计算、物联网、人工智能等技术手段也逐渐应用到居民的日常出行中，基于数据驱动的城市计算掀起了交通管理方法的新浪潮。但“Smarter Cities”“Sidewalk”“城市大脑”等计划重在对交通数据的统计分析以及在此基础上的智能管理，对拥堵的系统性形成过程和机理关注较少，对基于可靠性规律的拥堵预防和主动调控关注较少，难以支持从系统的角度对城市交通整体可靠性进行深度分析和主动调控。

交通系统的可靠运行是城市管理核心需求，难点之一在于复杂系统外部环境的不确定性和内部耦合的非线性。系统健康强调对不确定环境各类扰动的吸收能力，通过更加适应性的决策协同，体现城市交通在智能时代的可靠性需求。同时，城市交通健康管理本身是一项复杂的系统工程，涉及交通运行的方方面面，我们认为其核心基础理论在于理解交通系统故障的“负向涌现”机理，具体主要关注以下几个方向。

（1）城市交通流的介观组织模式具有什么系统性规律？城市交通是一个动态的复杂流网络，交通流会在自由流和拥堵态之间动态组织，其中临界转变点标志着潜在的交通供需平衡。如何挖掘交通流网络的介观临界组织特征？以及不同时段的交通流网络是否表现出相同的自组织临界模式？已有研究对这一问题较少涉及。上述问题的答案可以帮助我们更好地理解交通拥堵的形成机理。

（2）城市交通系统的拥堵传播是否存在多态演化？在许多自然系统中（如生态系统和气候系统）发现了反映适应性的多态现象，但在交通系统等人工系统中尚未明确，导致工程上一般做单态假设。作为典型复杂社会技术系统的交通系统是否存在多态现象？如果存在，不同状态之间有什么转换规律？上述问题的答案将有助于我们理解城市交通系统在适应性（拥堵恢复）和脆弱性（拥堵传播）交互影响下的演化机理。

（3）城市交通系统在拥堵发生后的韧性能力如何度量？认知交通韧性，目前主要有两种思路：一是通过经典无量纲的韧性定义（及其变形），从宏观上进行系统韧性的事后评估；二是通过交通仿真建模，从微观上进行系统韧性的测试分析。如何从时空角度建立交通韧性测度，进一步挖掘城市交通系统的韧性涌现行为机理？对上述问题的回答将有助于我们理解交通系统的恢复机理。

以交通为代表的关键基础设施网络负责物质、能量、信息等输送，是国民经济发展的“生命线”系统。这些关键基础设施网络具有复杂性特征，这些复杂系统的可靠性规律体现了系统故障的“负向涌现”，是复杂系统管理需要关注的核心问题之一。对交通健康规律的理解，有利于未来将系统健康管理策略扩展到其他领域的关键基础设施（如通信网络、电力网络等），进一步丰富未来复杂系统智能管理内涵。

本书的出版获得国家自然科学基金项目（71822101，71771009，71890973/71890970）的支持，作者在此深表谢意。

限于作者水平，书中不足之处在所难免，敬请广大读者批评指正。

李大庆

2021 年 11 月 18 日

目　录

第 1 章　系统健康

1.1　健康的内涵

“健康”一词，首先是作为一个生物学概念而为人们所知。传统的健康观对于健康的含义解释为：身体各类脏器没有疾病，并对疾病有一定抵抗力的身体状态，即所谓的“无病即健康”。而现代健康的含义则逐渐变得多元化，根据世界卫生组织对健康的定义，健康不应该仅指一个人身体上没有出现疾病或虚弱，而是指一个人生理上、心理上和社会适应性上的完好状态。

由生物学概念引申，“健康”的内涵也逐渐扩展到各个领域。例如，生态学领域将生态系统健康定义为人类活动干扰下生态系统本身结构和功能的完整性（Costanza et al.，1992；刘焱序等，2015），其具体内容包括内稳性、无疾病、多样性、稳定性、平衡性等方面。在社会学领域，世界卫生组织将城市健康①定义为“不断开发、发展自然和社会环境，并不断扩大社会资源，使人们在享受生命和充分发挥潜能方面能够互相支持”。以此为基础，国内一些城市积极开展了建设健康城市的工作，具体内容包括健康环境、健康社会、健康服务、健康文化等指标②。在经济学领域，经济健康的含义（程国强等，2014）包括促进经济运行健康，要求经济发展规模和增长速度必须以环境和资源的承载能力为前提，促进绿色发展；要求生产要素必须实现优化配置和高效利用，实现集约发展；要求经济结构合理协调，发展成果全民共享，体现平衡发展等方面。

随着健康理念的发展，工程领域也借用健康的内涵，逐渐发展出新的

① What is a healthy city?. https://www.who.int/europe/become-a-member/what-is-a-healthy-city[2021-11-26].

②《关于全国健康城市评价结果的通报》解读. http://www.nhc.gov.cn/guihuaxxs/s7786/202001/be6e354a35a4408098eea100f2b1b42d.shtml[2020-01-09].

健康评估理念，并应用到不同类型的工程系统管理中。例如，袁浩（2013）以城市雨排系统为对象，采用暴雨雨水管理模型模拟城市雨排运行状况，基于雨排系统的溢流程度（包括溢流点百分比、溢流时长、溢流流量大小等）提出了雨排系统的健康度评价指标。林彬等（2016）提出基于马氏距离（表示数据的协方差距离）测度的复杂系统健康状态评估方法，通过对比测试产品的健康指数与已知的健康样本集的健康指数来判断系统的实际健康状态，并基于 NASA（National Aeronautics and Space Administration，美国国家航空航天局）提供的公开数据集验证了该方法的有效性。周添（2017）将供热系统的泄漏状况、堵塞状况和本构状况等信息作为评估依据，应用层次分析法对供热系统的健康程度进行了分级。王雅琪等（2019）从网络层面提出了针对含有分布式电源的配电系统的健康指标，可应对一般电网结构（辐射网、环网或两者混合）的健康评估问题。

在新一轮科技革命的影响下，数字化、网络化、智能化的趋势逐渐加深，也因此激发了“人机融合”“人网结合”的社会新形态特征，促进了“信息-物理-社会”系统的高度耦合。作为影响国民经济的关键基础设施之一，交通系统就是这样一个典型的复杂社会技术系统。一方面，交通系统中的物理技术要素在数字化、网络化、智能化的发展趋势下，呈现出与以往不同的复杂性特点，例如系统多态、韧性恢复、耦合网络、集群智能等。这些复杂性特点正是因为系统内各要素之间错综复杂的相互作用涌现而产生的。由于这些复杂的相互作用机制的存在，系统内部微小故障的产生，也存在被级联传播，最终导致整个系统崩溃的可能性。另一方面，由于人这一要素的参与，交通系统又具备复杂社会系统的特征。个人决策的非理性加上日常出行者本身庞大的数量级，导致交通系统中出行博弈行为存在巨大的认知决策复杂性。出行者的认知决策复杂性再经由技术系统内的结构和功能联系交叉放大，又进一步增大了系统的不确定性。理解并挖掘复杂社会技术系统的这些不确定性规律，是我们准确定位、有效解决交通问题的关键前提。

复杂性的存在导致系统可能具有特殊的故障机理和韧性能力，理解社会技术系统的复杂性特征是实现系统调控的重要基础。现有的分析方法大多基于还原论的基本思想，尝试将系统对象解耦、还原为简单的“装备”或“单元”，将核心故障假设为相互独立的；在测试系统抵御扰动的韧性能力时，也多是以“黑箱”状态进行统计性的测试-反应，而对系统背后的适应机理挖掘不深。如果不能充分理解系统的复杂性规律，而仅仅从“装备”的角度去尝试调控复杂社会技术系统，只会导致事与愿违。首先，在物理结构、功能层面和心理认知、决策层面复杂性的共同作用下，有些交通管理目标本身是难以完全控制的，需要厘清复杂社会技术系统要素的人机智能动态交互、人网协同多层耦合的典型特征，构建交通系统调控的新方法体系，夯实复杂系统可引导性调控的理论与技术基础。其次，传统交通管理基于分割的、局域的系统管理方法，属于基于行为目标的局域控制；未来交通系统管理范式将发生变革，更需要基于适应规律的系统调控理论和方法来支持交通管理决策。

正是交通系统作为社会技术系统的复杂性存在，给发现和理解交通健康规律带来了极大的挑战性和紧迫性。以此为背景，如何衡量交通系统的健康态势，并制定相应的健康管理策略，是一个重要的研究课题。人机结合下的认知与决策行为共同累积成为“交通流”的形式，并逐渐由不同的交通流汇聚形成交通流网络，最终涌现出交通系统宏观健康态势的复杂时空规律。把交通系统理解为一个复杂的流网络，充分挖掘流的适应性规律，是有效串联交通宏观尺度结构功能复杂性规律和交通微观尺度认知决策复杂性规律的途径。基于这一理念，本书旨在提出基于渗流的交通健康管理新概念，同时期望为当前以及未来的关键基础设施管理研究提供启发思路。

1.2 健康管理的发展

健康管理的发展伴随设备维护策略智能化程度的不断增强。传统的维护策略是仅当发现设备失效后才进行维护（如修复损坏部位、更换故障的零部件等），这种策略被称为“反应性维护”（reactive maintenance）（Christer and Whitelaw，1983）。随着对系统性能和可靠性要求的不断提高，有些设备一旦失效就会造成巨大损失，这样的状况是传统的维护策略难以应对的。

为了使整个设备始终保持功能状态，需要在其部件发生故障之前就进行更换，由此诞生了“预防性维护”（preventive maintenance）（Barlow and Hunter，1960；Wu and Clements-Croome，2005）的策略，即依据特定的使用计划，对于使用了一定时间的设备，更换其相应的零部件。这类策略的局限性在于，首先需要大量的设备使用数据（尤其是失效时间）来确定相应的预防性维护计划，其次预防性维护也可能因更换仍然能够用一段时间的零部件而造成过度维护，增加不必要的维护成本。

之后出现了“视情维护”（或称“基于状态的维护”，condition-based maintenance）（Marseguerra et al.，2002；Peng et al.，2010）的策略，这一策略不再仅仅依赖于设备的使用时间，而是通过采集设备运行中的各类数据来判断其状态，从而发现早期故障。视情维护已经具有较强的针对性和精确性，从而可以极大地削减设备的维护成本。不过，视情维护不能对设备的剩余使用寿命进行预测，因而难以实现对未来风险的管控。

为了预测并管理未来可能出现的风险，进一步减少系统整个寿命周期的运维成本，需要新的系统健康理论和技术。由此催生了预测和健康管理（prognostics and health management，PHM）技术（曾声奎等，2005；孙博等，2007）。PHM 通常包括特征提取、状态监测、故障诊断、故障预测和管理决策等技术步骤。PHM 技术通过采集系统运行过程中不同维度的数据，结合各类智能化算法将这些测量值数据降维成可表征设备运行状态的健康值指标，从而在故障发生前对其进行预测。PHM 能否提供切实有效的管理决策建议，核心在于是否真正理解了设备的故障机理。

1.3 复杂系统健康管理

系统健康管理的目标是减少系统在其整个寿命周期中的不确定性风险，从而保证系统安全、高效地运行。结合工程领域的丰富经验，Johnson 等（2011）将系统健康定义为系统具有维持自身正常功能的能力，并提出系统健康管理（system health management，SHM）的主要目标是确保系统能够完成预期功能。这一定义是对传统故障管理理念的拓展——故障管理关注的是当系统偏离健康状态时应该采取什么样的对策，而系统健康管理除了关注这一方面外，还考虑了对故障的预防方法这一层面的措施。Bonissone 等（2009）提出系统健康管理可以分成两大方面：一方面是健康评估（health assessment），主要是感知和估计系统当前和未来一段时间内的健康状态；另一方面是健康管理（health management），主要是针对所感知的系统状态实施管控、调整，制订后勤保障计划等措施。Khan 和 Yairi（2018）将工程系统的健康管理描述为一个诊断和预防系统故障，以及预测系统组件的可靠性和剩余使用寿命的过程。健康管理主要包含了如下过程：首先需要从各类传感器收集相关的系统运行数据，然后需要对这些数据进行关键特征提取、故障诊断和故障预测等分析，最后基于分析的结果和用户的需求提供进一步的决策建议。系统健康管理的作用在于提高系统在整个服务和运行过程中的可用性和韧性。

虽然相关学者对 PHM 开展了比较丰富的研究，对系统健康管理也进行了初步探索,但是面对各类工程系统的复杂程度不断增加这一现实背景，对复杂系统的健康管理也提出了更高的要求。复杂系统往往具有非线性、混沌性、涌现性、自组织性、自适应性等复杂性特征，这些特征给理解和分析复杂系统的性质带来了全新的挑战。例如，复杂系统的非线性关系往往难以用解析式来描述；复杂系统的状态可能存在多个局部的峰值而难以找到真正的最优状态；因初值敏感性的存在，初始条件的细微改变会导致结果发生非常大的变化，使系统无法进行预测；自组织性和自适应性的存在也会导致系统的变化情况更加难以被捕捉等。城市交通系统是一个典型的开放的复杂巨系统，如何实现城市交通健康管理也引起了相关学者的广泛探讨和研究。然而，目前仍然缺乏行之有效的交通健康管理理论和方法。虽然有学者尝试提出了一些交通系统的健康评估方法（赵玲等，2012；陈艳艳等，2015；汪春，2016；周志华等，2020），但是这些评估方法的局限性在于，忽视了交通系统的核心故障机理——交通拥堵的时空传播过程，更多的是从统计效率的维度来评估，缺乏对系统故障和健康维度的综合性考虑；同时，这些评估方法没有有效地利用交通流网络的时空关联信息，更多的是对路段运行状态的简单（加权）平均或求和，难以为交通路网调控等管理决策提供支持。

参考文献

陈艳艳，蔡熠文，侯亚美，等. 2015. 大城市公交线路“健康指数”评价方法. 长安大学学报（自然科学版），35（S1）：1-6，16.

程国强，兰宗敏，沈俊杰. 2014. 健康经济：经济发展新模式. http://theory.people.com.cn/n/2014/0103/c40531-24011549.html[2014-01-03].

林彬，宋东，和麟. 2016. 基于马氏距离与组距估计的复杂系统健康评估. 仪器仪表学报，37（9）：2022-2028.

刘焱序，彭建，汪安，等. 2015. 生态系统健康研究进展. 生态学报，35（18）：5920-5930.

孙博，康锐，谢劲松. 2007. 故障预测与健康管理系统研究和应用现状综述. 系统工程与电子技术，（10）：1762-1767.

汪春. 2016. 老城区道路交通健康状态评价体系研究. 城市道桥与防洪,（12）：18，143-147.

王雅琪，陈堂贤，王俊，等. 2019. 含分布式电源的配电网健康评价研究. 电力科学与工程，35（8）：36-41.
袁浩. 2013. 城市既有雨排系统运行健康度评价方法研究. 成都：西南交通大学.
曾声奎，Pecht M G，吴际. 2005. 故障预测与健康管理（PHM）技术的现状与发展. 航空学报，（5）：626-632.
赵玲，黄大荣，宋军. 2012. 路网交通亚健康状态下交通流的分形特性. 控制工程，19（4）：583-586.
周添. 2017. 供热系统健康检查与评价. 哈尔滨：哈尔滨工业大学.
周志华，欧阳剑，景国胜. 2020. 城市交通健康发展决策评估指标框架研究. 城市交通，18（4）：101-106.
Barlow R，Hunter L. 1960. Optimum preventive maintenance policies. Operations Research，8（1）：90-100.
Bonissone P，Hu X，Subbu R. 2009. A systematic PHM approach for anomaly resolution：a hybrid neural fuzzy system for model construction. Annual Conference of the Prognostics and Health Management Society.
Christer A H，Whitelaw J. 1983. An operational research approach to breakdown maintenance：problem recognition. Journal of the Operational Research Society，34：1041-1052.
Costanza R，Norton B G，Haskell B D. 1992. Ecosystem Health：New Goals for Environmental Management. Washington DC：Island Press：245-247.
Johnson S B，Gormley T J，Kessler S S，et al. 2011. System Health Management：With Aerospace Applications. West Sussex：John Wiley & Sons.
Khan S，Yairi T. 2018. A review on the application of deep learning in system health management. Mechanical Systems and Signal Processing，107：241-265.
Marseguerra M，Zio E，Podofillini L. 2002. Condition-based maintenance optimization by means of genetic algorithms and Monte Carlo simulation. Reliability Engineering & System Safety，77（2）：151-165.
Peng Y，Dong M，Zuo M J. 2010. Current status of machine prognostics in condition-based maintenance：a review. The International Journal of Advanced Manufacturing Technology，50：297-313.
Wu S M，Clements-Croome D. 2005. Preventive maintenance models with random maintenance quality. Reliability Engineering & System Safety，90（1）：99-105.

第2章 交通渗流

2.1 网络渗流

渗流理论（Bunde and Havlin，1991；Stauffer and Aharony，1994）来源于统计物理，之后逐渐推广应用到不同的研究领域尤其是网络科学中，成为复杂网络科学里的重要理论工具。经典渗流模型就是模拟和分析多孔介质的渗透过程。多孔介质中的渗透性受到孔径大小、表面粗糙程度及压力梯度大小的影响，最终可以用孔与孔之间通道的连通概率来衡量。通道的不同连通概率会最终影响到整个多孔介质的序——是整体连通还是整体不连通。复杂网络的渗流理论实际上是网络科学和经典渗流理论的交叉，是从经典渗流过程中提炼出来的数学模型。以这一数学模型为基础，分析网络系统从局域连通状态变成整体连通状态的组织过程，以及这一过程中存在的临界状态及其临界行为特点，即为复杂网络的渗流模型。具体而言，网络的全局连通状态可用系统的“序参量”（如可以设置为网络中的最大连通子图）来衡量，通过调节控制参量（如网络中边的移除或连通概率、节点的移除或占有概率等）的值来研究序参量的变化过程，从而分析出网络宏观状态的渗流属性。在控制参量的变化过程中存在某一个值，使得系统的宏观状态会发生急剧变化（称为相变），这个值就是系统的渗流临界点（critical point）。渗流临界点往往是系统性质变化的关键点。注意，渗流模型中的“移除”并不一定代表物理删除，也有可能是因为功能失效而失去了连接响应。

渗流模型按照渗流过程中是直接移除节点还是移除边，可以分为点渗流和边渗流两类。另外，按照节点或边的移除顺序又可以分为随机渗流和非随机渗流。所谓随机渗流，指的是网络中每次节点或边的移除是随机且均匀的，即每个节点或边的移除概率都相等，移除某一个节点或边是完全随机的过程。而非随机渗流指的是网络中节点或边的移除是按照特定的规则顺序进行的，例如按照节点度值由大到小的顺序移除、按照节点介数由大到小的顺序移除等渗流方式。从网络故障的角度理解，随机渗流过程类似于网络内部发生随机失效，而按照节点重要度的渗流过程则类似于网络受到外部蓄意攻击。

不同的渗流方式对网络的连通性能可能会产生不同的影响。例如，Cohen 等（2000，2001）发现无标度网络对随机渗流具有极强的鲁棒性，表现为渗流临界值大于 0.99，这意味着即使删除了 99%以上的节点，网络仍然存在一个较大的连通子团;但是无标度网络对于蓄意攻击却相当脆弱，按照网络中节点度值从高到低的顺序移除节点时，只需移除极少的一部分节点，就可以造成网络的瘫痪。无标度网络的这一“鲁棒且脆弱”的特性（Albert et al.，2000），进一步启发了人们对于渗流理论在实际网络中应用的思考。例如，Cohen 等（2003）提出可以通过对重要度较高的节点进行保护，从而更有效地阻止失效传播，这一策略也被称为“熟人免疫”。

早期人们对于网络的渗流分析集中在单层网络上，然而现实中的网络系统可能更为复杂，其常常可能是由多层单网耦合连接而成，组合成为一个超网络（网络的网络）。相比于单层网络，耦合网络的渗流过程又呈现了一些新的特征。Buldyrev 等（2010）发现耦合网络在渗流临界点处会发生一阶相变（非连续相变），这与单网的二阶相变方式（连续相变）截然不同。Gao 等（2011）提出了超网络的渗流分析框架，分别分析了树形超网络、星形超网络和环形超网络的渗流性质，同样发现了超网络在渗流过程中会发生一阶相变。

2.2 交通渗流理论

以渗流理论为基础，抽象出典型交通系统的结构和运行特征，从而建立交通动态网络模型，并分析交通系统的序参量随控制参量的性质变化过程，是交通渗流的基本内容。

交通渗流分析，首先需要构建动态功能网络。所谓动态功能网络，就是某一时刻给定条件下能够实现正常通行功能的路段和路口组成的网络。通过将所研究的实际道路交通网络中的路段抽象为网络的连边，将实际道路交通网络中的路口抽象为网络的节点，可以建立相应的网络模型。同时，根据路段某一时刻的实际运行数据（如路段行驶速度、路段车流量）等信息来确定网络中连边的状态。以路段行驶速度为例，对应于某一特定的速度水平要求，路网中有一部分路段的行驶速度会高于该速度水平，而另一部分路段的行驶速度则会低于该速度水平。可以认为行驶速度高于特定速度水平要求的路段为畅通状态,因为车辆能以更快的速度在该路段上通行，说明该路段具备正常的连通功能；反之，低于这一特定速度水平的路段为拥堵状态，说明从功能角度来看该路段已经失去其连通性了。基于上述方式，保留具备连通功能的连边（速度高于给定水平的畅通路段），移除失去连通功能的连边（速度低于给定水平的拥堵路段），从而得到给定速度水平要求下的动态功能网络。

考虑到道路的平均行驶速度会受到道路等级的影响，对所有等级的道路设置同样的速度水平的要求是不合理的。因此，可以考虑以相对速度代替绝对速度作为畅通或拥堵的阈值设置。例如，在每一个时刻下，对于某一路段 i，假设其实时速度为 v_i，最大限速为 v_m，则其相对速度 $r_i = v_i/v_m$。如图 2-1 所示，其中红色表示相对速度小于 0.4，黄色表示相对速度介于 0.4 至 0.7，绿色表示相对速度大于 0.7。在此基础上，可设置相对速度阈值 q（取值范围为 0 到 1），代表特定的相对速度水平要求。如果路段的相对速度 $r_i < q$，则认为该路段处于拥堵状态，说明当前时刻该路段不具备正常通行功能，并将其从动态功能网络中删除；如果路段的相对速度 $r_i \geq q$，则认为该路段处于畅通状态，该路段对应的边将保留在动态功能网络中。

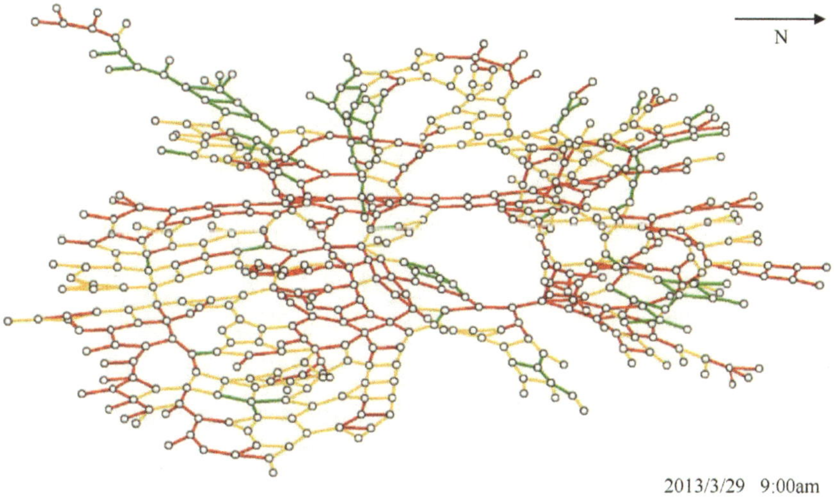

图 2-1 北京某区域的动态功能网络（Li et al.，2015）

构建出动态功能网络后，由于网络中仅剩余原始拓扑网络中该时刻相对速度水平不低于 q 值的边，可以进一步分析网络的连通子团。所谓连通子团，是一个节点的集合，该集合中任意两个节点之间至少存在一条由若干边首尾相接形成的连通路径。由于移除了部分低于相对速度阈值的边，相比于原始拓扑网络，剩余的动态功能网络可能包含不止一个连通子团，我们尤其关注这些连通子团中的最大子团和次大子团，其子团的规模（即子团所包含的节点数目）分别记为 G 和 SG。根据渗流理论，通过设置不同的 q 值，动态功能网络的 G 和 SG 会不断发生变化。随着 q 从 0 到 1 不断增加，G 的值将不断减小，而 SG 则会呈现出先增大后减小的趋势，如图 2-2 所示。因此，对应于某一个 q 值，SG 的值将达到最大，而与其对应的 q 值被称为渗流临界阈值。

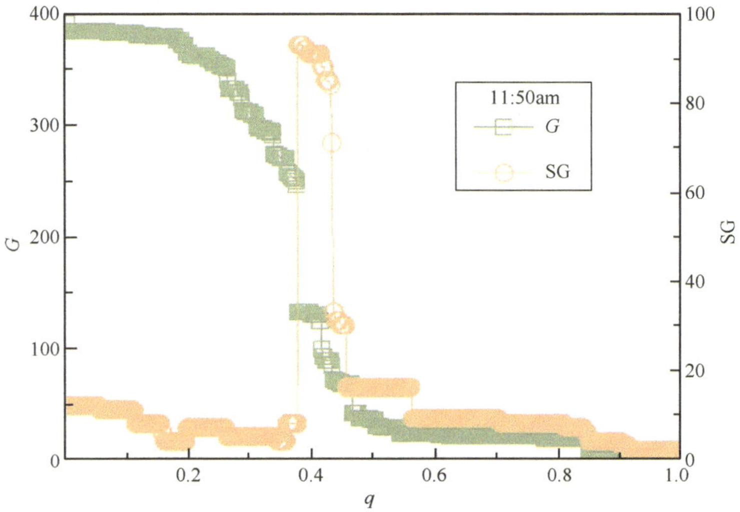

图 2-2　交通网络的渗流过程示意图（Li et al.，2015）

对交通网络进行渗流分析，是研究交通流的动态组织过程的特点的有力途径。当 q 值较小时，网络中存在的连通子团形成巨型团簇，网络中的动态功能网络延伸到几乎整个原始道路网络；当 q 值较大时，只有极少尺寸较小的连通子团存在，不能够保持全局交通流的畅通；当 q 值为位于二者之间的某个恰当的值时（即渗流临界阈值，通常记为 q_c），该速度水平要求下网络中的次大连通子团尺寸 SG 达到最大，象征着动态功能网络的整体连通性消失的相变临界点。因此，q_c 也代表了维持整体连通性的最低相对速度水平要求。

参考文献

Albert R, Jeong H, Barabási A L. 2000. Error and attack tolerance of complex networks. Nature, 406(6794): 378-382.

Buldyrev S V, Parshani R, Paul G, et al. 2010. Catastrophic cascade of failures in interdependent networks. Nature, 464(7291): 1025-1028.

Bunde A, Havlin S. 1991. Fractals and Disordered Systems. Berlin: Springer.

Cohen R, Erez K, ben-Avraham D, et al. 2000. Resilience of the Internet to random breakdowns. Physical Review Letters, 85(21): 4626-4628.

Cohen R, Erez K, ben-Avraham D, et al. 2001. Breakdown of the Internet under intentional attack. Physical Review Letters, 86(16): 3682-3685.

Cohen R, Havlin S, ben-Avraham D. 2003. Efficient immunization strategies for computer networks and populations. Physical Review Letters, 91(24): 247901.

Gao J X, Buldyrev S V, Havlin S, et al. 2011. Robustness of a network of networks. Physical Review Letters, 107(19): 195701.

Li D Q, Fu B W, Wang Y P, et al. 2015. Percolation transition in dynamical traffic network with evolving critical bottlenecks. Proceedings of the National Academy of Sciences of the United States of America, 112(3): 669-672.

Stauffer D, Aharony A. 1994. Introduction to Percolation Theory. 2nd ed. London: CRC Press.

第 3 章　交通系统复杂性

城市交通系统涉及人、车、路、环境等各方面因素，是一个开放复杂的动态巨系统。在这一复杂巨系统中，各单元要素由于结构连通、时序关联、功能耦合等的综合相互作用，将呈现出网络化、非线性、自组织性、涌现性、不确定性等复杂性特征。这些复杂性特征的存在大大增加了人们对交通系统健康规律的认知难度。结合已有的研究，本章从不同维度阐述交通系统的复杂性特征，包括空间维度上呈现出结构多维的特征、功能维度上存在组织相变过程，以及时间维度上具有动态传播的特点等。

3.1　结 构 多 维

系统的空间维度是刻画系统的结构特征和基本物理性质的一个参量。一些基本的物理过程或物理现象，例如扩散过程、临界行为等，都与系统的空间维度息息相关。维度，又称为维数，从数学意义上可以理解成描述物体时空位置的独立参数的个数。单从空间维度来讲，零维相当于一个点；一维是一条直线，用一个参数就可以描述某一点的相对位置；二维是一个平面，需要两个参数来描述空间位置；三维是我们眼睛所见的空间，需要三个参数来描述空间位置。以此类推，四维或者更高的空间维度，可以理解成低维空间经过某种蜷曲，从而增加了需要描述空间位置的参数。

对于一个有形的物理对象，如果它是紧密嵌入其所属空间的，例如三维空间中规则的立方体，那么其维度将与其所属的空间维度相同；然而，一些物理对象可能存在弯曲、空洞等以非整数维形式充填空间的形态特征，这时可能需要以分形维度来描述它们这种“不规则”的空间结构特征（Bunde and Havlin，1991）。分形维度（Mandelbrot，1982）反映了复杂形体占据的有效空间的大小，是复杂形体不规则性的一种测度，例如科赫曲线、谢尔宾斯基三角形等经典数学分形几何曲线的空间维度就是非整数的。自然界中其实也不乏分形维度的例子，比如曲折的海岸线的分形维度常在一维到二维之间（Mandelbrot，1967）。分形往往具有一些有趣的特性，自相似性就是其中一种典型的代表（Hutchinson，1981）。系统的自相似性是指某种结构特征从不同空间尺度来看都是相似的，或者说系统的局部结构与整体结构相类似①。实际上，通常可以基于自相似性来计算给定分形的空间维度的具体数值（Song et al.，2005）。

网络是由若干实体（节点）和实体之间的关联关系（边）构成的。通常而言，实际网络往往是嵌入在二维或者三维空间中的。例如，航空网络和互联网等是嵌入在地球二维表面的系统，而大脑中的神经网络是嵌入在三维空间中的复杂结构。在一个规则的 n 维方格网络中，如果节点仅仅和距它空间位置最近的邻居节点相连接，那么网络的维度就等同于其所属空间的维度（即 n 维）。然而，在大多数情况下，尤其是以各类实际系统为代表，网络中的边并非都是这类短程连接（即只与较近的节点相连）——可能存在一些连接远距离节点的长程连接。由此引申出一个关键问题：对于这些嵌入空间的网络系统（可以简称为空间网络），我们如何度量它们的空间维度呢？网络维度不仅是我们刻画网络结构特征的重要因素，也是我们理解网络功能属性的关键，因为网络结构往往对于其中的动力学过程有重要影响。

在复杂网络理论中对于网络维度的研究仍然较为缺乏。已有的研究主要关注两类网络的维度：一种是仅有短程连接的网络，例如方格网络，即节点只与邻近节点相连；而另一种是几乎均为长程连接的网络，例如随机网络，即网络中任意一对节点的连接概率是相同的。前者的网络维度与其所嵌入的空间相同，而后者的网络维度与其所嵌入的空间就不那么相关了，可以认为是无穷大。相应地，在前者的情形中，网络中节点之间的平均距离随着网络规模（网络中节点的数目）N 以 $N^{1/d}$（其中 d 表示网络的维度）形式变化；而在后者的情形中，节点间的平均距离随着网络规模呈 $\log N$ 甚至 $\log\log N$ 的形式变化，分别反映了“小世界”（Bollobás and Riordan，2004）和“超小世界”（Cohen and Havlin，2003）性质。

然而，现实世界中的实际网络往往并不属于上述两类网络模型所代表的情形。这些实际网络的边长分布呈现出一种幂律的形式。例如，基于移

① Self-similarity. https://en.wikipedia.org/wiki/Self-similarity#cite_note-8[2021-09-13].

动通信网络数据，两人成为朋友的概率 $P(r)$随着两人之间的距离 r 的增加以 $P(r) \sim r^{-2}$ 的形式递减（Lambiotte et al.，2008）；而从航空网络中发现，两个机场之间存在直达航班的概率和这两个机场之间的距离呈 $P(r) \sim r^{-3}$ 的关系（Bianconi et al.，2009）。如果用 $P(r) \sim r^{-\delta}$ 来表示上述短程连接网络和长程连接网络中节点连接概率与节点间距离的关系，则短程连接网络中 $\delta=\infty$，而长程连接网络中 $\delta=0$。因此，如何衡量 $0<\delta<\infty$ 时的实际网络的维度是一个基本的科学问题。

为了回答这一问题，我们首先给出在一般条件下物体的质量和规模的关系。假设在嵌入某维度空间的网络上，以该网络的中心点为球心，以 r 为半径做一个超球体，那么这个超球体 r 之内的网络质量 M（用节点的数量表示）与 r 的关系可表述为

$$M \sim r^d$$

其中，d 为该网络的维度。值得注意的是，如果我们不考虑网络中节点之间的连接关系,那我们就会得出该网络的维度等同于其所嵌入空间的维度。为了将网络连通性对其维度的影响考虑进来，对于网络中的一个节点（我们考虑其作为起始点），我们先确定该节点的一阶近邻（距离该节点的跳数 $l=1$）、该节点的二阶近邻（$l=2$）等以此类推；之后，我们测量如下数据：第 l 阶近邻节点到起始点之间的平均欧氏距离 $r(l)$以及 l 阶以内（从起始点到第 l 阶近邻节点）的网络节点数量 $M(l)$。为了确保统计意义上的有效性，我们可以尝试从网络中抽样不同的起始点进行上述过程的计算，对多组不同的 $r(l)$和 $M(l)$取平均值。最后，我们根据上文提到的 M 和 r 的关系式，就可以确定空间网络的维度 d 了。

我们可以用具体的实例来说明不同类型空间网络的维度属性,如图 3-1 所示。我们考虑如下两类网络，分别是 Erdös-Rényi 随机网络，其度分布为 $P(k) \sim \lambda^k / k!$的泊松分布；以及无标度网络，其度分布为 $P(k) \sim k^{-\alpha}$ 的幂律分布。同时我们基于 $P(r) \sim r^{-\delta}$ 来设计网络中各边的长度，从而将空间属性引入上述两类网络中。通过对比以上两类网络的结果，研究发现（Li et al.，2011）网络的维度主要受边长分布指数 δ 影响，而几乎不受度分布形式的影响。通过进一步研究，发现网络维度同时也不受网络规模和平均度的影响。以上结果表明了空间网络维度的普适特性。

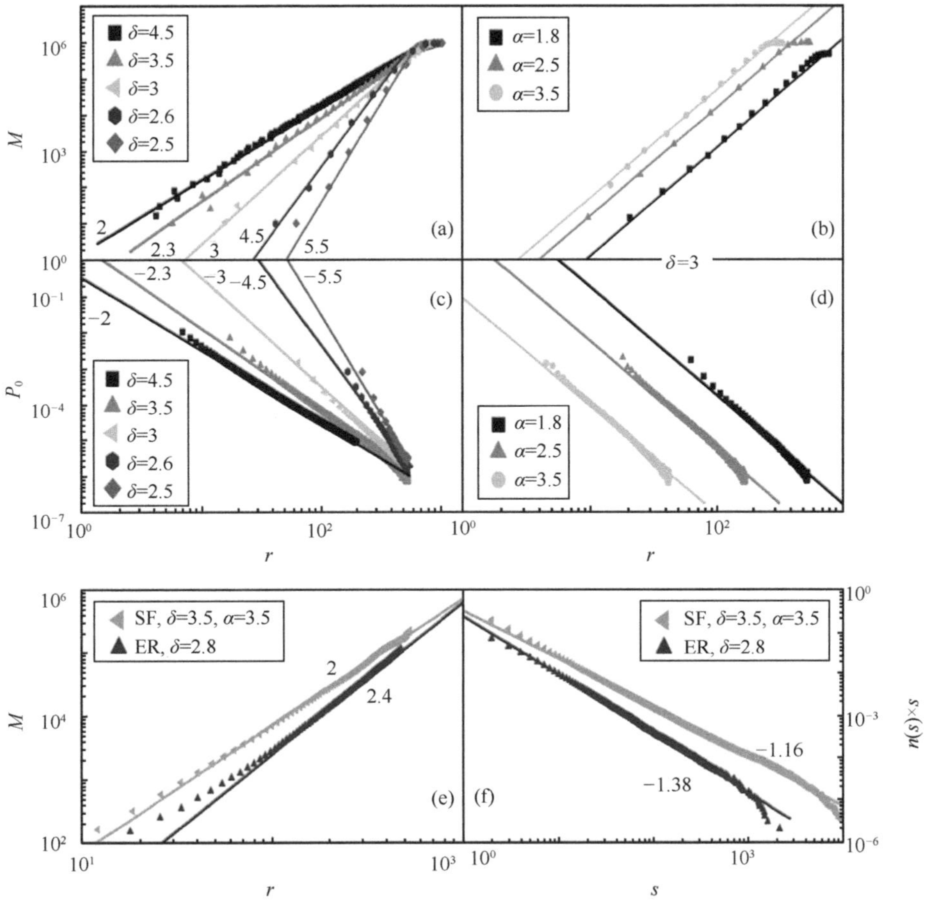

图 3-1　空间网络上各参量之间的标度关系（Li et al., 2011）

其中，δ 表示边长分布指数；α 表示度分布指数；SF 和 ER 分别表示 Erdös-Rényi 随机网络和无标度网络

网络的结构对网络中的物理过程（如扩散过程等）有着重要影响。我们用 P_0 表示一个随机游走的扩散粒子在经过时间步长 t 之后返回到原位置的概率，用 $r=r(t)$表示粒子在 t 时刻的位移，这一位移可以刻画扩散粒子在 t 时刻与原点的距离。我们假设粒子在 $V \sim r(t)^d$ 体积内的出现概率是相同的。在这一假设下，粒子出现在原点的概率是 $1/V$，从而可以得到 $P_0 \sim r^{-d}$。

网络的临界行为同样受到网络维度的影响。我们以渗流过程为例，分析网络在渗流临界阈值附近的标度行为。在渗流过程中，通过移除一定比例 q 的节点，网络会逐渐被解离；在渗流临界阈值处，网络失去全局连通性，网络中的巨分支分解成为一系列有限规模的连通子团。我们用 s 来表示这些有限规模子团的尺寸，已有研究已经发现在渗流临界阈值处，这些有限规模子团的尺寸分布 $n(s)$ 满足如下幂律形式：$n(s) \sim s^{-\tau}$。其中，指数 τ 满足：

$$\tau = 1 + \frac{d}{d_f}$$

即该幂律指数的值与网络的维度 d 及渗流临界处的网络子团的分形维度 d_f 有关。

3.2 组织相变

相是物质状态的一种描述。物质系统中物理、化学性质完全相同，并且与其他部分有着明显的分界面的相对均匀部分，可以认为是物质系统的一种相。而相变是物质从一种相转变为另一种相的过程。相变是很普遍的一种物理过程，例如水的三相变化（固、液、气三态间的转化）是典型的相变过程。相变可能是突变的，也可能是一个平稳变化的过程，其区别在于临界条件下（系统发生相变的条件）系统性质的变化是否剧烈。

交通系统的自由流状态和拥堵状态也可以理解成交通系统两种不同的相，表征交通系统两种不同的全局功能状态。城市交通拥堵的原因在于公共交通资源分配的不合理性。同为公共资源系统，城市交通从功能上与互联网行业中的“云服务”系统非常相似。出行者驾车进入交通路网，是对城市提供的交通公共资源的使用，这就好比是网络用户通过接口接入企业云服务器，享用云服务器提供的各项网络资源与服务。类似地，可以将由交通公共资源供给能够满足其交通需求的路段和路口连接而成的最大连通区域定义为“交通云”。类比云服务器对网络用户的覆盖性可知，城市“交通云”覆盖的地理范围越大，能够接入“交通云”的出行者越多，其提供公共服务的能力越大，则说明城市交通系统的全局功能连通性越强，交通系统处于宏观自由流相；反之，则说明城市交通可能陷入宏观拥堵相。

渗流理论是分析网络全局功能连通性变化的一个有力工具。采用交通渗流研究分析，我们可以从统计意义上研究局部道路通断如何影响交通流的全局连通性。首先需要把交通系统抽象为一个网络——将交通系统中的路段抽象为边，将交通系统中的路口抽象为节点，然后根据路段和路口之间的连接关系建立网络中的“节点—边”匹配关系。我们考虑将路段行驶速度作为路段功能连通性的度量。由于路段行驶速度与道路等级、道路功能等因素密切相关，为了方便对比不同类型道路的功能连通性，我们计算相对速度 r_{ij} 并将其作为判定依据。具体而言，对于每一条路段，我们计算当前时刻的行驶速度与该路段一天中的 95%分位点行驶速度的比值（以 95%分位点速度代替最大速度从而避免极端数据的影响）。在一个给定的阈值 q 下（$0\leqslant q\leqslant 1$），路段的状态可以分成两类：自由畅通的（$r_{ij}\geqslant q$）或功能失效的（$r_{ij}<q$）。保留自由畅通路段并移除功能失效路段，我们可以得到一个交通流的动态功能网络，它代表了交通流自由畅通的区域。我们可以通过不断变化 q 值来研究上述动态功能网络的形成过程，从而观测网络尺度上局域交通流如何组织涌现成为全局交通流的相变过程。可以预见，随着 q 值的增加，这个动态功能网络会变得逐渐稀疏；而对这一变化过程中特定的 q 值，不同层次尺度的交通流组织出现了，表现为大小不一的交通流功能连通子团，其内部道路具有较高的速度。

我们以北京市某区域的路网为例，在一个典型时刻，当 q=0.69 时，网络中只有一些规模很小的连通子团形成，无法维持交通网络的全局连通性[图 3-2（a）]；而随着 q 的不断减小，当 q=0.19 时，这些小规模连通子团逐渐增大并互相融合，最终连成了一个几乎与道路网络规模相同的巨大连通子团[图 3-2（c）]。当 q=0.38 时，这时候网络中的次大连通子团的规模达到最大[图 3-2（b）]，根据渗流理论，这标志着系统此时达到了全局功能连通性的相变点（Bollobás，1985），在该点系统由全局连通相转变为全局拥堵相。我们把这一个相变点称为交通渗流的临界阈值 q_c。全局连通性随着 q 变化的整个交通渗流过程如图 3-2（d）所示。

渗流临界阈值可以作为交通流组织效率的测度。只有当一辆车以低于 q_c 的相对速度行驶时才可以畅通地经过城市的大部分区域；而如果以高于该值的相对速度行驶，则只能在一些孤立的小区域内自由行驶——因为当这辆车经过两个子团的连接路段时就会被迫减速。在这层意义上，q_c 可以衡量交通系统中一个人畅通行驶几乎整个路网的最大速度，从而以网络视角反映了交通系统的全局效率。

由于城市交通流的演化，一天中不同时刻的交通流组织过程可能很不相同。基于对实证交通数据的分析（Li et al.，2015），我们发现 q_c 在一天中的不同时段的变化非常大。在一个典型的工作日中，如图 3-2（e）所示，

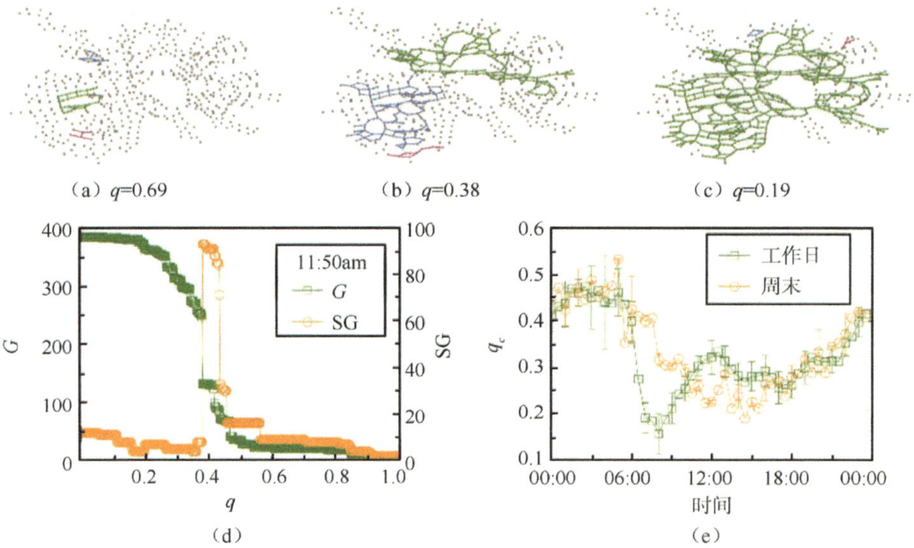

图 3-2　交通流网络的渗流过程（Li et al.，2015）

图（a）~图（c）中的绿色线段表示最大连通子团中的路段，蓝色线段表示次大连通子团中的路段，品红色线段表示第三大连通子团中的路段

可以发现从当天凌晨 0 点一直到凌晨 5 点 30 分，q_c基本都是当天的最大值，表明这一时段整个交通网络都在以较高的速度运行。当时间接近早上 6 点时，q_c的值开始突然下降，并且在早上 8 点左右达到最低值——这个时刻也基本是北京的交通早高峰。可以发现，这一天中 q_c值的变化曲线有两个极小值，分别出现在早 8 点和晚 6 点左右。相比较而言，在一个周末的数据结果中，我们只发现了一个局部极小值，出现在下午 2 点左右。这也反映了工作日和周末不同的通勤模式。

3.3　动 态 传 播

交通拥堵的动态传播是导致交通问题复杂性的重要原因之一。在交通网络中，拥堵的传播可能是直接的也可能是间接的。例如，下游道路的拥堵如果不能够及时疏解，可能会直接导致邻近上游道路也受到影响；另外，由于人们在进行出行路径选择时，会倾向于避开已经拥堵的路段而涌向车流较少的路段，从而该路段在短时间内车流剧增，突然变得拥堵，这样就导致了拥堵路段的间接变换。

交通系统中的这种传播过程可以用级联失效模型来刻画。级联失效过程是网络中故障传播的一种形式，其具体表现是：网络中某一处的初始微小扰动，随着结构或功能耦合以类似“多米诺骨牌”的方式在网络中传播开来，最终甚至导致整个系统的崩溃。故障在网络节点之间的级联传播往往受到节点之间耦合关系的影响。网络的耦合关系基本可以分为功能耦合和结构耦合两类，其区别在于发生故障的节点之间是否存在显性的因果关系，这一显性因果关系往往受到网络拓扑结构的影响。不存在这一显性因果关系的为功能耦合，否则认为是结构耦合。

基于功能耦合的级联失效模型主要考虑网络中的负载重新分配造成的故障传播。网络中每一个节点或边会承担一个初始负载，如果外界扰动导致某些节点或边发生失效，那么原本这些节点或边承担的负载会通过一定的规则或方式重新分配给其他存活的节点或边，这时可能会导致这些存活的节点或边中的某一些成员发生过载而失效，并进一步引发更多节点或边的级联失效，直到网络中的负载分配达到新的平衡。常见的基于功能耦合的级联失效模型可以分为局部影响模型和全局影响模型两类。其中，局部影响模型指的是网络中节点或边的失效只会直接影响到其邻近的节点或边的负载变化，主要包括沙堆模型（Bak et al., 1987）、纤维束模型（Moreno et al., 2002）、二元决策模型（Watts, 2002）、边阈值模型（Moreno et al., 2003）、耦合映像格子模型（Wang and Xu, 2004）等。而全局影响模型指的是网络中节点或边失效时可以直接影响到网络中所有其他节点或边的负载变化，主要包括 Motter-Lai 模型（Motter and Lai, 2002）、Crucitti 模型（Crucitti et al., 2004）、OPA（Oak-Pserc-Alaska）模型（Dobson et al., 2001）、CASCADE 模型（Dobson et al., 2003）等。

基于结构耦合的级联失效模型往往通过显式的耦合边（dependency link）或耦合子团（dependency cluster）来引发故障传播。由耦合边或者耦合子团连接的两个节点将具有依赖关系，若其中一个节点失效，那么连接的另一个节点也会自动失效。在这一过程中，同时可能存在一些节点因为脱离最大子团而失去功能。以上结构失效、功能失效两个过程交替发生，从而引发网络的级联失效。基于结构耦合的级联失效模型按照节点间的耦合关系是否受到空间约束可分为随机耦合模型和空间约束耦合模型两类。随机耦合模型方面，包括 Buldyrev 等（2010）提出的耦合网络级联失效模型，Parshani 等（2011）提出的单网耦合级联失效模型，Bashan 等（2011）

提出的耦合子团级联失效模型，等等；在空间约束耦合模型方面则有 Li 等（2012）、Bashan 等（2013）的研究。

虽然已有研究关于级联失效过程有了诸多探索，但是对于空间网络上级联失效过程中的时空性质方面的研究仍然比较匮乏——然而，这些性质也是预测和缓解实际系统中的失效传播的关键，因为只有能够预测级联失效的时空传播过程，才能够决定合适的时机和资源配置来制定有效的故障恢复策略。我们定义了两个描述级联失效时空传播性质的基本参量（Zhao et.al., 2016）：第一个参量是第 t 时间步长时级联失效节点与初始失效中心的平均欧氏距离，用 $r_c(t)$来表示，这个参量可以告诉管理者在合适的位置设置“防火墙”从而提前为抵御级联失效做准备；第二个参量是第 t 时间步长时的级联失效节点数量，用 $F_r(t)$来表示，这个参量可以告诉管理者前述设置的“防火墙”高度是多少。

具体而言，我们建立一个典型的空间网络，并仿真在该网络上的级联失效过程。我们首先建立了一个规模为 $L\times L$ 的方格网络（其中 L 表示方格网络的线性长度），并为其设置循环边界（periodic boundary）条件。同时，我们引入了边权重，网络中各边权重服从高斯分布 $N(\mu,\sigma^2)$，其中 μ 是权重的均值，而 σ 是权重的标准差。网络中的节点都配置了相应的负载，记 L_i 为节点 i 的负载，其值为该节点的介数值函数（即网络中所有节点对之间的最短路径中，通过该节点的最短路径所占的比例）。同时，网络中的每个节点也有一个容忍系数 α，它象征着节点的负载能力，当一个节点的当前负载超过其初始负载值的 $1+\alpha$ 时，该节点就会失效。在对失效动态传播过程的仿真中，首先需要对网络某一位置进行攻击从而触发初始失效，并进一步引发失效的级联传播。具体而言，我们在网络中随机选择一个 $l\times l$ 的区域内的节点（$l\ll L$）并将它们移除。这些初始节点的失效会导致网络中其他节点负载的变化，可能引发一些节点的负载超过其承载能力，从而引发进一步失效。

结合模型仿真，Zhao 等（2016）分析了上述定义的 $r_c(t)$和 $F_r(t)$两个参量随时间步长的变化曲线图，如图 3-3 所示。从图 3-3 中可以看出，在不同规模的底层网络中，级联失效的传播半径随着时间步长的变化几乎都是呈线性的。这意味着在级联传播过程中，失效的传播速度几乎是恒定的（其值为 $r_c(t)$在级联传播阶段的斜率）。而不同规模网络的级联失效传播速度是不同的，随着网络规模的增加，失效的传播速度也会相应增大。另外，

对 $F_r(t)$进行分析，发现其随着时间步长呈现先增加后减少的趋势。值得注意的是，不同规模网络的 $F_r(t)$到达其最大值的时间是相似的，这也解释了上文提到的网络规模越大，失效传播速度越大的现象。

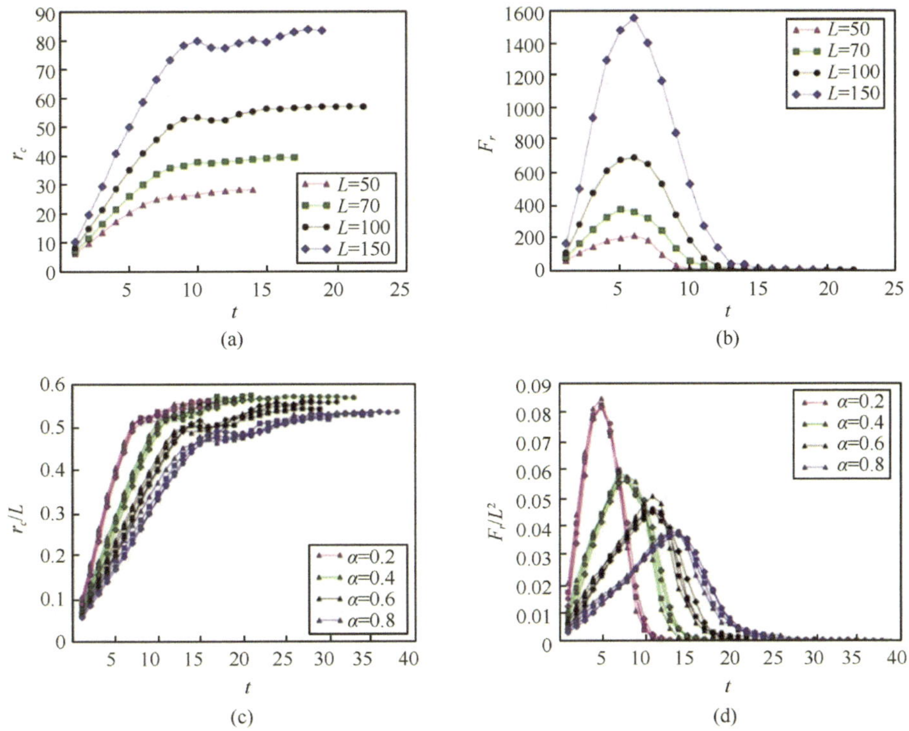

图 3-3　空间网络的级联失效传播（Zhao et al.，2016）

图中将 $r_c(t)$和 $F_r(t)$简化表示为 r_c 和 F_r

为了进一步分析系统规模和容忍系数对失效动态传播过程的影响，我们对传播半径 $r_c(t)$和系统线性规模 L 的关系图进行重标度处理。可以发现在进行重标度处理后，在给定容忍系数 α 下，不同系统规模的 $r_c(t)$的变化曲线简并为一条曲线，这意味着不同规模系统中拥堵的相对传播速度是相同的。同时，如果对 $F_r(t)$和系统规模 $L\times L$ 也进行重标度处理，可以发现不同的 $F_r(t)/L^2$ 曲线也可以简并为一条曲线。此外，该曲线到达最大值的时间会受到容忍系数 α 的影响，并且容忍系数 α 越大，$F_r(t)/L^2$ 曲线到达最大值的时间越长，说明容忍系数的提高可以延缓系统宏观尺度上的级联崩溃。

参 考 文 献

Bak P, Tang C, Wiesenfeld K. 1987. Self-organized criticality: an explanation of the 1/*f* noise. Physical Review Letters, 59 (4): 381-384.

Bashan A, Berezin Y, Buldyrev S V, et al. 2013. The extreme vulnerability of interdependent spatially embedded networks. Nature Physics, 9 (10): 667-672.

Bashan A, Parshani R, Havlin S. 2011. Percolation in networks composed of connectivity and dependency links. Physical Review E, 83 (5): 051127.

Bianconi G, Pin P, Marsili M. 2009. Assessing the relevance of node features for network structure. Proceedings of the National Academy of Sciences of the United States of America, 106 (28): 11433-11438.

Bollobás B. 1985. Random Graphs. London: Academic.

Bollobás B, Riordan O. 2004. The diameter of a scale-free random graph. Combinatorica, 24 (1): 5-34.

Buldyrev S V, Parshani R, Paul G, et al. 2010. Catastrophic cascade of failures in interdependent networks. Nature, 464 (7291): 1025-1028.

Bunde A, Havlin S. 1991. Fractals and Disordered Systems. Berlin: Springer.

Cohen R, Havlin S. 2003. Scale-free networks are ultrasmall. Physical Review Letters, 90(5): 058701.

Crucitti P, Latora V, Marchiori M. 2004. Model for cascading failures in complex networks. Physical Review E, 69 (4): 045104.

Dobson I, Carreras B A, Lynch V, et al. 2001. An initial model for complex dynamics in electric power system blackouts. 34th Annual Hawaii International Conference on System Sciences.

Dobson I, Carreras B A, Newman D E. 2003. A probabilistic loading-dependent model of cascading failure and possible implications for blackouts. 36th Annual Hawaii International Conference on System Sciences.

Hutchinson J E. 1981. Fractals and self similarity. Indiana University Mathematics Journal, 30 (5): 713-747.

Lambiotte R, Blondel V D, de Kerchove C, et al. 2008. Geographical dispersal of mobile communication networks. Physica A: Statistical Mechanics and its Applications, 387(21): 5317-5325.

Li D Q, Fu B W, Wang Y P, et al. 2015. Percolation transition in dynamical traffic network with evolving critical bottlenecks. Proceedings of the National Academy of Sciences of the United States of America, 112 (3): 669-672.

Li D Q, Kosmidis K, Bunde A, et al. 2011. Dimension of spatially embedded networks. Nature Physics, 7: 481-484.

Li W, Bashan A, Buldyrev S V, et al. 2012. Cascading failures in interdependent lattice networks: the critical role of the length of dependency links. Physical Review Letters, 108 (22): 228702.

Mandelbrot B B. 1967. How long is the coast of Britain? Statistical self-similarity and fractional dimension. Science, 156 (3775): 636-638.

Mandelbrot B B. 1982. The Fractal Geometry of Nature. New York: W. H. Freeman and Company.

Moreno Y, Gómez J B, Pacheco A F. 2002. Instability of scale-free networks under node-breaking avalanches. Europhysics Letters, 58 (4): 1-10.

Moreno Y, Pastor-Satorras R, Vázquez A, et al. 2003. Critical load and congestion instabilities in scale-free networks. Europhysics Letters, 62 (2): 292-298.

Motter A E, Lai Y C. 2002. Cascade-based attacks on complex networks. Physical Review E, 66: 065102.

Parshani R, Buldyrev S V, Havlin S. 2011. Critical effect of dependency groups on the function of networks. Proceedings of the National Academy of Sciences of the United States of America, 108 (3): 1007-1010.

Song C M, Havlin S, Makse H A. 2005. Self-similarity of complex networks. Nature, 433: 392-395.

Wang X F, Xu J. 2004. Cascading failures in coupled map lattices. Physical Review E, 70(5): 056113.

Watts D J. 2002. A simple model of global cascades on random networks. Proceedings of the National Academy of Sciences of the United States of America, 99 (9): 5766-5771.

Zhao J C, Li D Q, Sanhedrai H, et al. 2016. Spatio-temporal propagation of cascading overload failures in spatially embedded networks. Nature Communications, 7 (1): 1-6.

第 4 章　交通健康的内涵与机理

4.1　交通健康的内涵

目前对于交通健康并没有统一的定义，大多数指标在本质上仍然是从交通效率或交通可靠性等单一维度出发来进行健康评估，且以统计性分析为主，而忽视了交通网络中尤其是交通拥堵的时空关联关系。例如，高德公司提出了考虑时间（包括“路网高峰行程延时指数”和“路网高延时运行时间占比”）、空间（包括“路网高峰拥堵路段里程比”和“常发拥堵路段里程比”）、效率（包括“高峰平均速度”和“骨干道路运行速度偏差率”）三方面因素的交通健康指数。

交通健康应该是一个多维度的概念。对于交通系统而言，过多关注交通效率的提升有时也会因为吸引更多交通需求从而产生与预期相悖的结果，反而导致系统偏离其正常运行的临界点。因此，一些新的理念[如可持续性（Behrends et al.，2008）和韧性（Holling，1973）等]也进入了交通管理的范畴；同时，考虑到交通排放产生的污染，绿色交通也逐渐变成了交通管理的重点目标之一。像其他复杂系统一样，在不同的场景需求下，这些不同的管理目标需要管理者进行适当的取舍和平衡，特别是当部分管理目标互相矛盾、互相冲突的时候。例如，增加城市道路网络的容量或许可以缓解交通需求的增加，但是伴随的附加成本（如拥堵、事故、噪声、尾气等）也可能对个人和社会的福利造成损害。往往需要权衡通行能力、安全性、效率、经济性、环保性等诸多管理目标。在这些目标背后，我们认为交通系统具有内生的健康规律机理，交通健康管理在于，在认知这些系统内在规律的基础上，设计有效的调控方法。以渗流理论为基础，以下将从宏观、中观、微观等不同层次的尺度来挖掘交通系统的健康机理。其中，宏观尺度关注一定时期内交通网络整体的宏观模式特征，中观尺度关注交通系统子团的时空适应规律，而微观尺度关注不同时刻的交通稳定状态之间的转移。

4.2　交通健康的机理

4.2.1　交通健康的宏观机理

城市交通系统经常被观察到在自由流和拥堵两种交通状态之间转变，两种状态之间的转变临界点则代表潜在的交通供需平衡点。当出行者对城市交通的需求不断增加时，将不可避免地发生交通拥堵，这时就需要采取相应的交通管控措施来缓解交通压力。针对不同的拥堵模式，城市管理者可能需要制定不同的管控策略来保障路网的供需平衡状态。因此，理解城市交通系统在自由流和拥堵两种状态之间的转变临界点处的行为特征是其中的关键。城市交通在自由流和拥堵状态之间的转变过程被称为相变过程。相变临界点附近的系统行为可以用临界指数来表征。如果不同的相变过程具有相同的临界指数，那么这些相变过程可以通过统一的规律来描述（“普适类”）。在城市交通流的组织过程中，随着拥堵规模的扩大，交通流将由一个全局连通流的状态逐渐解体形成局部连通流状态，这一过程可以用渗流模型来描述。根据这一过程中交通流相变特点的不同（如局部连通流的规模和数量），我们可以将其划分成不同的系统适应模式。由于渗流相变（特征）可以通过临界指数来表征，因此可以提出一个根本问题：城市交通流在不同交通时段（如高峰时段和非高峰时段）的渗流组织是否属于相同或不同的普适类，这意味着城市交通流在不同的时段是否表现出不同的适应模式。已有研究主要关注静态网络拓扑对临界指数的影响，然而对动态交通流网络的渗流临界过程的研究仍然缺乏。对上述问题的研究将帮助我们更好地理解交通拥堵的形成与消散之间的关系，并且有助于我们揭示交通系统从功能到故障状态的突变是否具有不同的模式，从而加深对交通健康宏观机理特点的理解。

只有当交通网络能够在合理的时间内将流量传送到目的地时，交通网络才被认为是可靠的。从这个意义上说，交通网络中拥堵的道路将失去功能，只有非拥堵道路组成的功能网络才可供出行者使用。这个功能网络的结构随着时间而动态变化，决定了出行者的出行时间和网络的整体性能。

对于静态网络而言，从某一个起点出发，驾驶员的可达区域（或距离）在给定时间内始终是恒定的；而交通流的动态功能网络则不是这种情况。图 4-1 展示了不同时刻（段）城市交通流的动态功能网络的可达区域。在给定的旅行时间内，工作日和休息日的可达区域存在显著的差异。如图 4-1（a）所示，在某一个休息日时，出行者可以在 15 分钟内达到大约 11 千米的平均距离，而在 30 分钟内可达区域将延伸到超过 600 平方米（半径超过 25 千米）。然而，在某一工作日的高峰时段，交通拥堵会减慢道路行驶速度，因而显著减小出行者在相同行驶时间的可达区域[图 4-1（b）]。图 4-1（c）和图 4-1（d）从仿真的角度进一步验证了这一结论。从图中可以看出，工作日高峰时段的可达区域面积[图 4-1（c）]及平均行驶路径长度[图 4-1（d）]与休息日同时段相比均大幅减小。

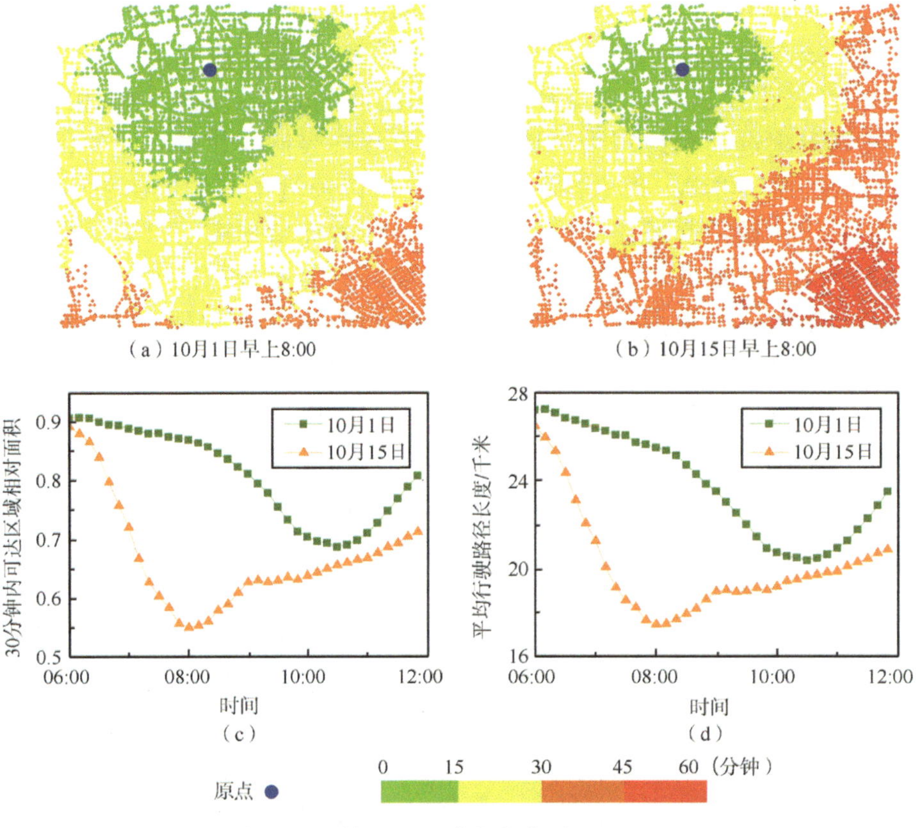

图 4-1　城市交通系统可达区域的变化（Zeng et al., 2019）

交通流功能网络的动态演变不仅影响了出行者的出行效率，从网络整体的角度看也影响了城市交通系统的可靠性。在休息日时，交通流处于全局自由流状态，交通流功能网络中拥堵道路的数量较少，网络形态接近路网原始的拓扑结构[图 4-2（a）]；而在工作日高峰时段，由于出行需求的增加，更多的城市道路变得拥堵起来。大量的拥堵道路将整个功能网络分离为若干孤立的功能子网络（称为“功能子团”）[图 4-2（b）]，这些功能子团内部包含速度较高的道路，而不同功能子团之间由速度较低的道路连接。分析功能子团数量 N 随时间的变化趋势，可以发现，在工作日和休息日的高峰时段，功能子团的数量 N 均有所增加。然而，工作日高峰时段的交通流网络裂解得更加显著，表现为功能子团数量 N 的值更大[图 4-2（c）]。为了进一步研究交通流网络在不同时段的动态组织差异，我们采用渗流分析方法，通过不断从原始道路中移除相对速度较低的道路，分析交通流网络的最大功能子团尺寸以及次大功能子团尺寸的变化过程[不同时段的示例如图 4-3（a）至图 4-3（d）所示]。同时，在渗流临界点处，网络由全局连通性较高的状态突然变得碎片化[图 4-3（e）和图 4-3（f）]。

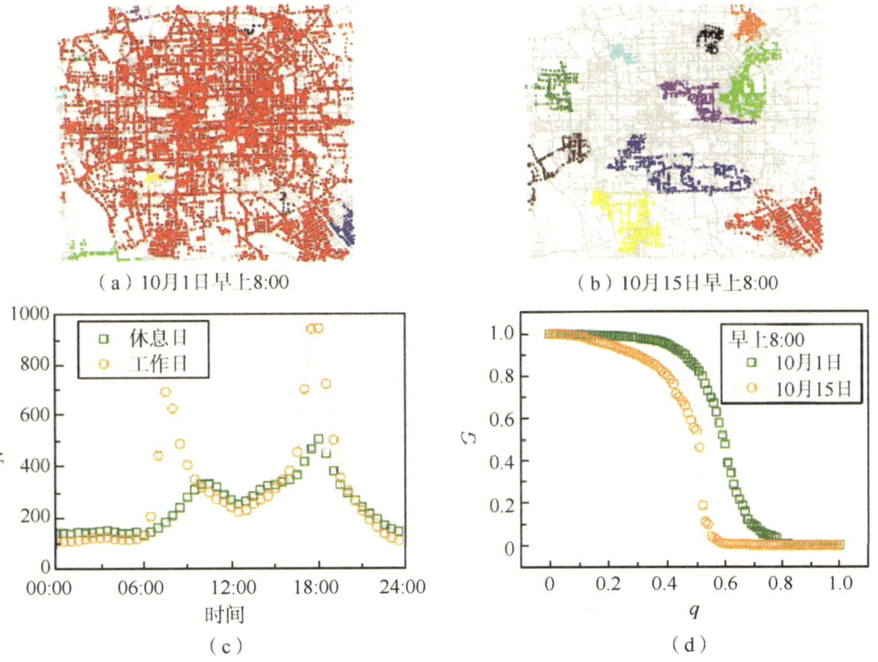

图 4-2　不同时段交通流功能网络的可靠性（Zeng et al.，2019）

图（a）和图（b）中前十大功能子团分别用红、蓝、深绿、黄、紫、橙、棕、浅绿、靛蓝、黑表示

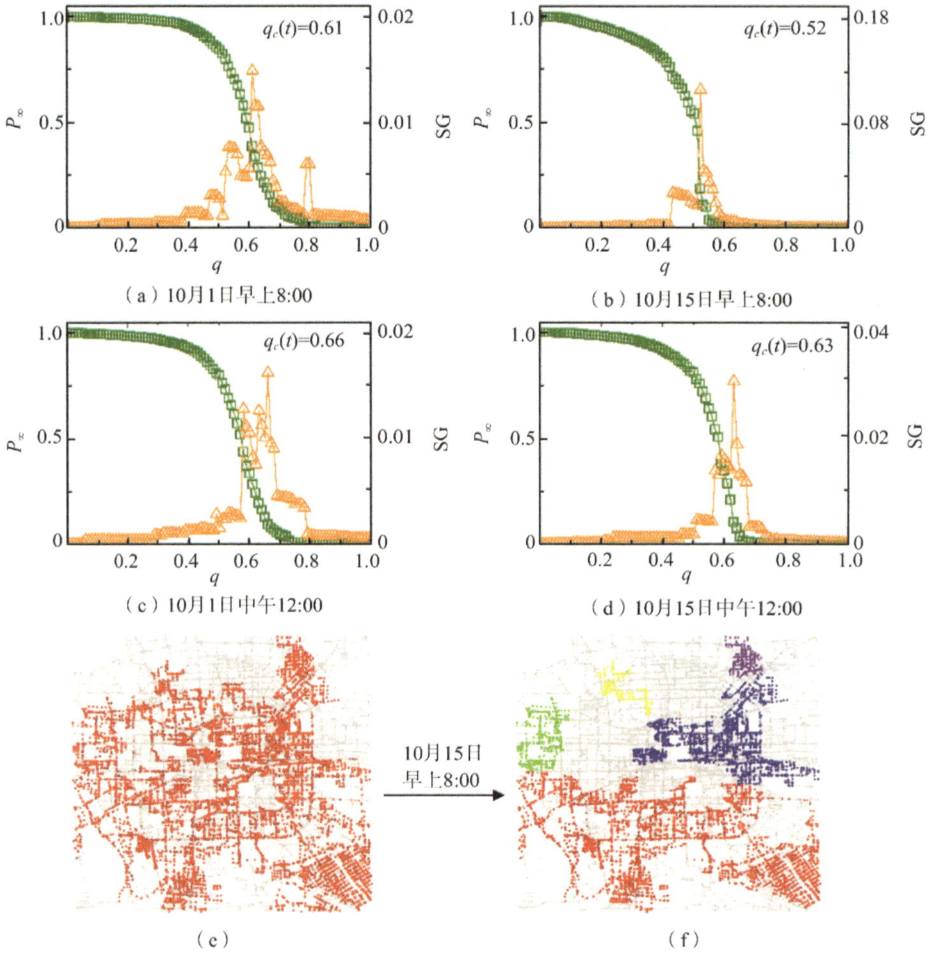

图 4-3　不同时段的动态组织差异（Zeng et al.，2019）

图（a）~图（d）为不同时期的渗流过程；图（e）和图（f）为渗流临界点前后的连通子团示意图；图（a）~图（d）的绿色方形表示最大功能子团尺寸，橙色三角形表示次大功能子团尺寸

进一步分析不同时期的渗流过程，如图 4-2（d）所示，可以看出最大功能子团尺寸 G 随着相对速度阈值 q 的增加而减小。并且，通过对比可以发现同时刻工作日的最大功能子团尺寸下降速度更快，表明不同时段交通流的渗流模式可能有差异。我们同时还对比了工作日和休息日的渗流临界值 q_c 和给定 q 值下最大功能子团尺寸 G，发现两个时期的上述两个参量随时间的演化关系呈现出明显的不同；统计高峰期的这两个参量的分布也呈现了较大的差异性，如图 4-4 所示。这些结果也进一步支持了工作日和休

息日中存在两类渗流模式这一假设。

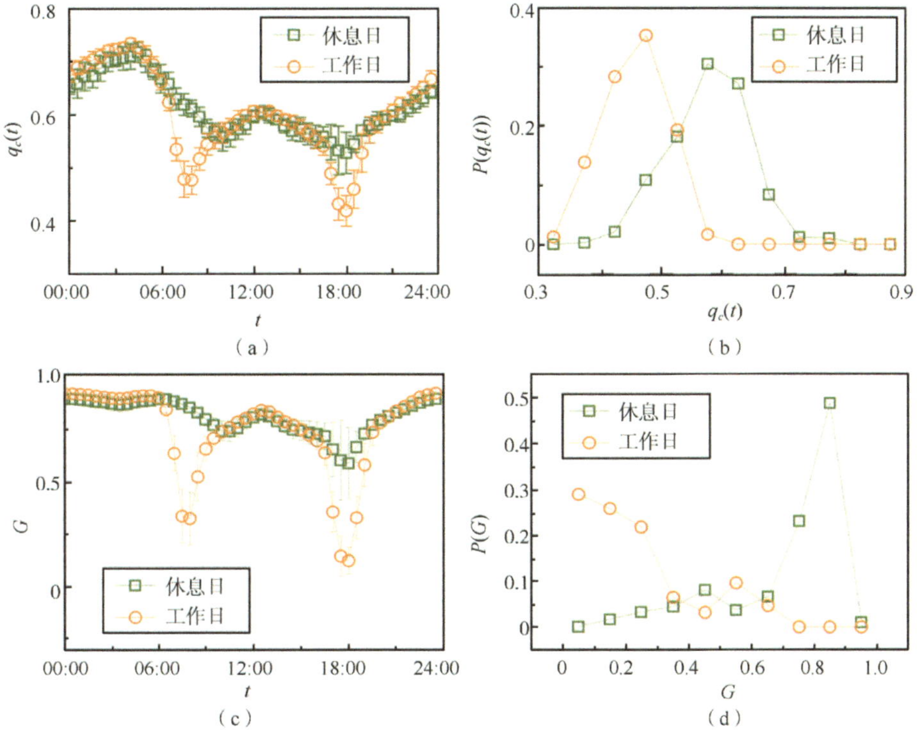

图 4-4　工作日与休息日的渗流特点对比分析（Zeng et al.，2019）

图（a）和图（b）展示工作日和休息日的渗流临界值 q_c；图（c）和图（d）展示给定 q 值下最大功能子团尺寸 G

接下来，我们计算不同时段临界点附近的交通流有限功能子团（有限功能子团即不包括最大功能子团和孤立节点在内的其他功能子团）尺寸的分布。图 4-5（a）和图 4-5（b）分别显示了工作日高峰时段和非高峰时段渗流中有限功能子团尺寸分布的变化。在临界点处，已有研究发现有限功能子团的规模分布遵循幂律：$n_s \sim s^{-\tau}$。其中，s 表示子团的尺寸；n_s 表示尺寸为 s 的子团数量占所有子团数量的比例；τ 表示子团尺寸的渗流临界指数。可以看到休息日也符合此幂律特征[图 4-5（c）]。并且，从图 4-5（a）和图 4-5（b）可知，当 q 稍高于临界值时，网络中只出现了规模较小的由高速道路所组成的子团，其尺寸分布曲线的下降速度快于幂律分布；同样地，当 q 稍低于临界值时，上述情况也会出现，这是因为更多有限功能子团合并到最大功能子团中，导致最大功能子团的规模增加以及有限功能子团的数量减少，从而使得尺寸分布中的尾部更加倾斜。这一现象也进一步支持了交通流的渗流临界性假设。

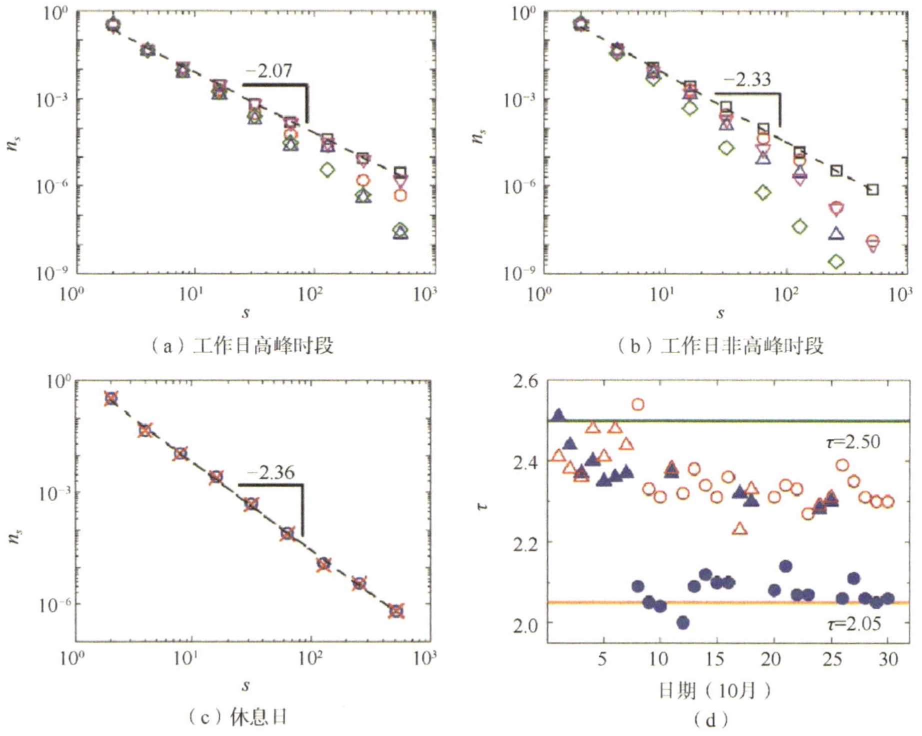

图 4-5　交通流功能子团尺寸分布的渗流临界指数（Zeng et al.，2019）

图（a）和图（b）分别为工作日高峰和非高峰时段渗流临界值附近的功能子团尺寸分布，包括 q_c（方形）、q_c–0.1（圆形）、q_c–0.2（上三角）、q_c+0.1（下三角）、q_c+0.2（菱形）；图（c）为休息日不同时段渗流临界值处的功能子团尺寸分布，包括高峰时段（圈）和非高峰时段（叉）；图（d）为不同日期各时段的临界指数 τ，包括休息日高峰（实心三角）、工作日高峰（实心圆）、休息日非高峰（空心三角）、工作日非高峰（空心圆）。图中同时标注了高维平均场（绿实线）及二维晶格网络渗流（橙实线）的理论值。上述高峰时段选取 7:30~8:30 及 17:30~18:30，而非高峰时段选取 11:00 至 13:00。图（a）~图（c）中的–2.07、–2.33、–2.36 为斜率

从临界点处的交通渗流过程可以看出，工作日高峰时段子团尺寸的临界指数（τ）一般小于工作日非高峰时段，其值分别为 2.07 和 2.33。然而，从图 4-5（c）中可以看出，休息日没有产生这种临界行为在不同时段下的差异现象。另外，工作日非高峰期的临界指数与休息日基本一致。上述结果均表明，交通流网络存在两种渗流模式，其在不同时段属于不同的普适

类。进一步地，对比数据中每天特定时段的临界指数如图 4-5（d）所示，可以看出，工作日高峰期的 τ 与其他时间段存在着系统性的差异。值得注意的是，结果中的 τ 值基本介于高维（如小世界网络）的理论值（2.50）与晶格渗流（如二维晶格网络）的理论值（2.05）之间。在工作日高峰期，临界指数明显小于其他时段，其值更加接近于晶格渗流情况；相反，非高峰时段的 τ 值明显较高，并且在国庆节假日期间 τ 值更接近于高维平均场的理论结果。因此，实证数据中的 τ 值可以用来区分不同交通模式，进而指导不同的交通调控策略。

在道路网络的拓扑结构相同的情况下，为什么在不同时段会产生不同的临界特征？我们可以从一个事实中获得提示：对于空间嵌入网络而言，长程连接的出现会改变渗流临界指数。工作日非高峰期及休息日下，交通系统中的高速公路在交通流网络中实际上扮演了长程连接的角色。一般情况下，高速公路连通较远的两个地点，并且具有较高的道路行驶速度。因此，在非高峰期及休息日下，一个司机通过高速公路往往要快于其他道路到达目的地。基于此，一个合理的假设是，在休息日及工作日非高峰期，交通系统中出现了更有效的长程连接从而疏解了其二维空间约束，进而使得城市交通流网络接近于小世界网络，表现出高维系统的特征。相反，由于工作日高峰期严重的交通拥堵问题，高速公路也因为拥堵而变得和其他道路相似，不再具有有效的长程连接作用。

为了检验和证明我们的假设，我们分别在工作日和休息日的高峰时段记录路网中高速公路上的车速。我们发现有着较高车速（车速超过 70 千米/小时）的高速公路的数量在这两个时段确实存在明显差异，如图 4-6（a）和图 4-6（b）所示。在图 4-6（c）中我们可以看到，休息日时段中存在较高车速的高速公路比例更大，并形成了有效的长程连接，这在工作日时段是不存在的。同时，我们对另一个超大城市深圳做了相同的分析，结果表明在深圳也存在高峰时段与非高峰时段的两类临界指数这一类似的结果，并且高速路段也是其中的关键要素，如图 4-7 所示。另外，我们也对规模较小的代表性城市（如济南）进行了类似的分析。该城市当前高速公路的规划布局较为简单，交通网络中存在较少的长程连接，我们发现济南仅仅存在一种接近于二维网络的渗流模式，如图 4-8 所示。这些结果分别从正反两个方面为我们的假设提供了有力的佐证。

为了进一步验证上述结论，我们设计了一个基于二维晶格网络的重连模型，从而探究二维晶格渗流模型中长程连接的影响。该模型中，通过设定网络中边的重连比例 f 来重构二维晶格网络，使之具备一定的小世界特征，同时又使网络中连边总数保持恒定。这里的重连，指的是每次随机选择一个网络中的节点，断开这个节点上的一条连边，然后在整个网络中随机选择另外一个节点与这个节点重新连接。持续此过程直到重连边数量占网络总边数的比例达到设定值 f。

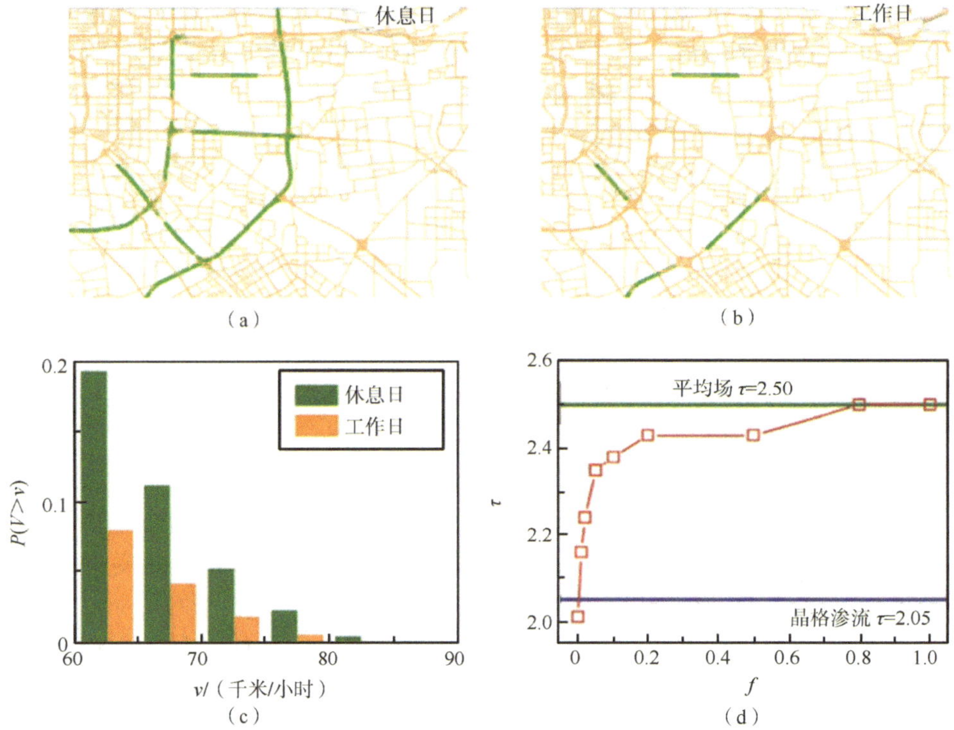

图 4-6　长程连接对临界指数的影响（Zeng et al.，2019）

图（a）和图（b）中的绿色线段表示高峰时段平均速度在 70 千米/小时以上的高速路段；图（d）只取了 f 的某几个值

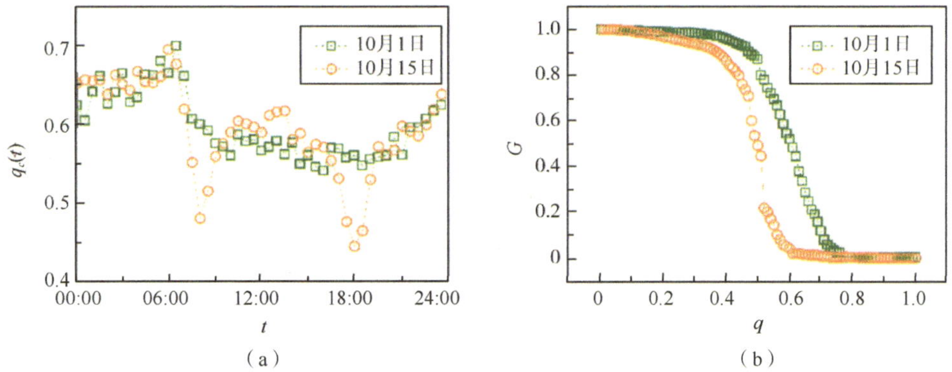

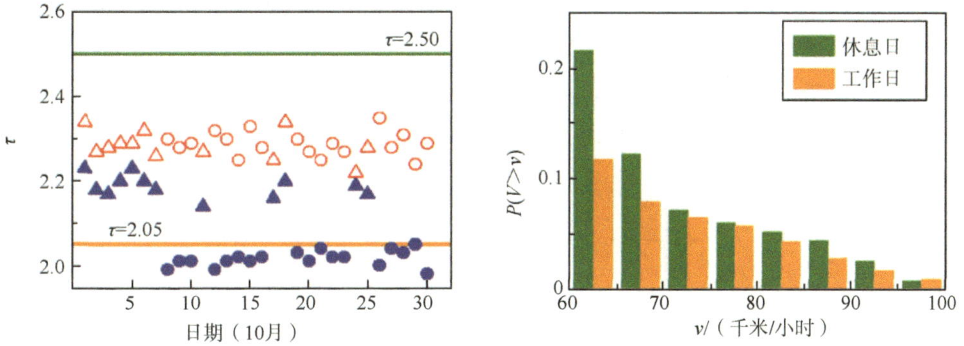

（c）　（d）

图 4-7　深圳市的渗流模式切换（Zeng et al.，2019）

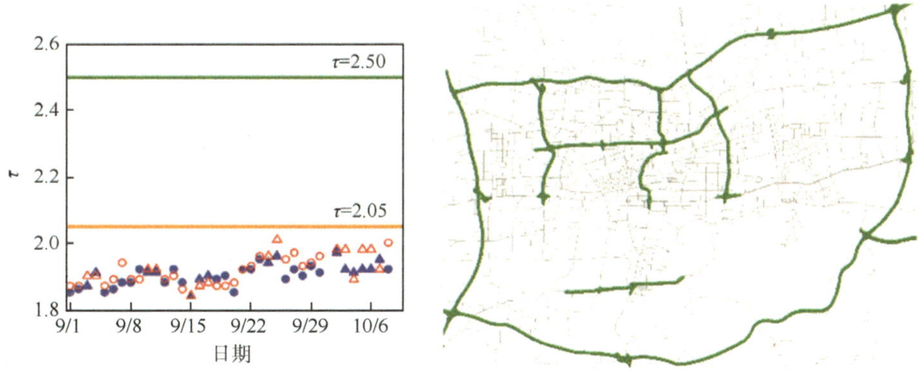

（a）　（b）

图 4-8　济南市仅存在一种交通渗流模式（Zeng et al.，2019）

在构建模型网络之后，我们分析其渗流属性。分析结果如图 4-6（d）所示，表明 τ 的值随重连边的比例增加而增加。我们可以从该图中看到 τ 的值基本上从 2.05 左右变为 2.50，变化的 τ 的值分别对应于二维晶格网络渗流和高维网络渗流的普适类。此外，当重新连接的边的比例 f 增加到 0.2，τ 的值迅速变化。在二维晶格网络中重新连接的边的比例越大，模型网络与高维网络的相似性越大。以上结果说明，在工作日的高峰时段，由于几乎不存在长程边的连接，城市交通流的渗流特征更倾向于呈现出二维晶格网络中的表现。而一小部分的长程连接则会显著影响渗流临界指数，导致系统的渗流模式发生改变。对于城市交通流网络，这种时空组织切换行为是由扮演长程连接的高速路段在自组织过程中的状态突变导致的。因此，调节这些高速路段的状态，可以将交通流网络转变为理想的模式（如非高峰时间或休息日时段的模式）。例如，我们可以通过设置不同道路的限速水平，使高速公路起到“捷径”的作用，从而提高交通流网络的实际维度。如图 4-9 所示，可以看出，当设置高速公路的最大速度与一般道路一致时，网络的维度更接近低维网络；而当高速公路的最大限速提高时，网络维度也明显增加。

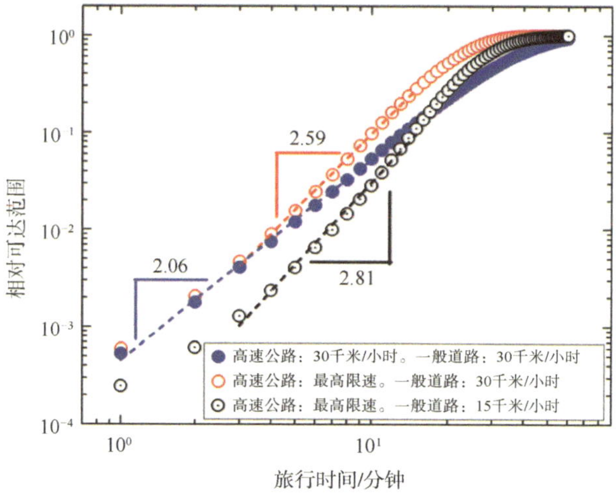

图 4-9　不同限速方案的交通调节效果（Zeng et al.，2019）

4.2.2　交通健康的中观机理

城市交通拥堵具有动态传播的特点，一个信号灯故障产生的小拥堵可能通过如多米诺骨牌一样的级联过程发展成大规模的交通拥堵。在复杂交通运行环境中，这样的故障存在极大的不确定性。韧性是系统抵御扰动的影响，并且恢复到可接受功能水平的能力。自从生态学中提出了韧性的概念，韧性理论已经被扩展到包括大气、经济甚至大脑研究中，为探索系统的故障原理提供了新的启示。随着交通公共服务的供需矛盾愈加突出，交通拥堵愈加频繁和严重，如果能够提高系统韧性，就可以避免大范围拥堵，并且更快地从性能降级中恢复。因此，包括交通在内的各种关键基础设施的适应和恢复过程引起了学者广泛的关注。如何度量交通系统的韧性是首先要回答的问题，目前已有的系统韧性评估主要基于无量纲指标。另外，虽然已有研究表明复杂系统的网络特性对于理解和提高系统韧性的重要作用，但在关键基础设施等复杂系统的韧性测度研究中，网络的性质很少被考虑。

由于城市交通系统具有典型的网络拓扑结构以及网络功能交互，如果直接采用无量纲的韧性指标度量其韧性，就可能会忽略系统故障消散的时空特性。因此，我们提出了一种时空韧性测度，结合系统适应和恢复的时空特征，探讨交通韧性可能存在的普遍性特征。具体来说，综合考虑交通流网络的二维空间结构及时间演化特征，可以将交通拥堵理解为一个三维时空子团，其由时空领域内的所有拥堵道路组成，如图 4-10（a）所示，其中红色阴影部分代表一个拥堵时空子团。在给定的时刻，时空子团中的道路在空间上不一定是相连接的，但当一个拥堵时空子团在某一时刻分裂成两个或更多的子团时，由于它们在时间上的联系，子团中的所有边（代表道路）和节点（代表路口）仍然属于同一个三维时空子团。也就是说，如果两个拥堵时空子团在某一个时刻汇聚合并，我们将更新这两个子团中道路和路口的归属信息，并将它们归类为同一个子团。

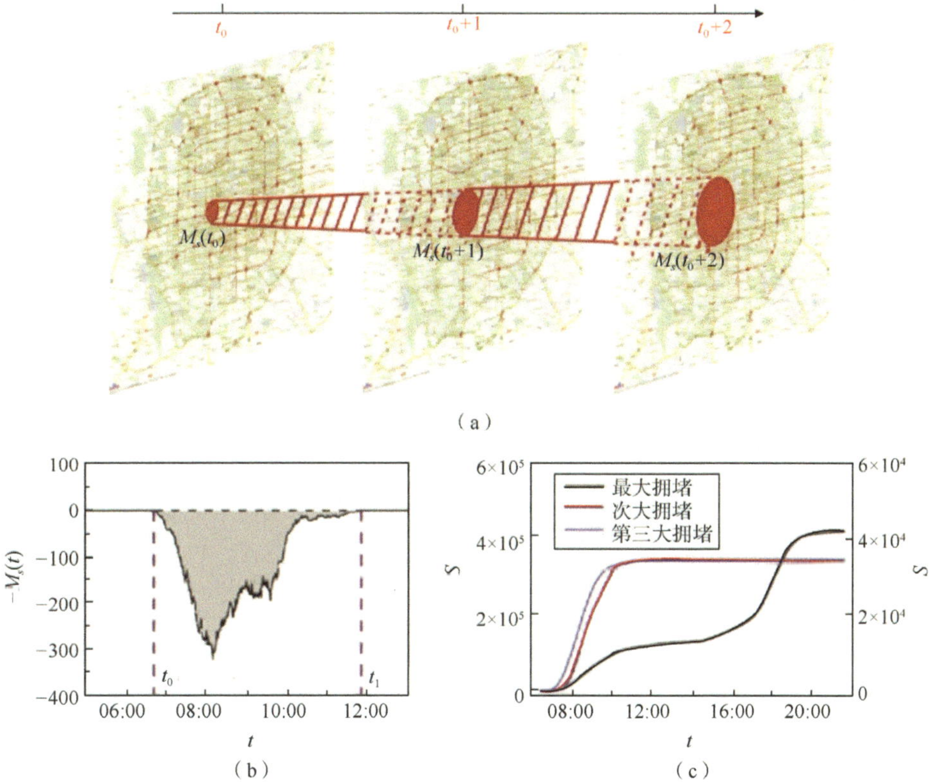

图 4-10　基于时空拥堵子团的交通韧性测度（Zhang et al.，2019）

图（c）是以北京 2015 年 10 月 26 日为例展示了前三大时空拥堵子团尺寸随时间演化的过程，注意这里的次大和第三大子团对照右侧纵轴的刻度值基于三维时空子团定义交通韧性，具体步骤如下。在给定的观测时期内（如每天的早 6 点至晚 10 点），我们将拥堵时空子团的生命周期，即从拥堵时空子团产生时刻 t_0 到完全消失时刻 t_1 之间的时间间隔，定义为拥堵时空子团的恢复时间 T（即 $T=t_1-t_0+1$）。同时，我们定义每一个时空拥堵子团在时间层 t 上投影的道路数量为 $M_s(t)$。$M_s(t)$可以被认为是拥堵时空子团在 t 时刻的横截面。我们通过对 $M_s(t)$进行统计分析来为计算交通韧性做准备。图 4-10（b）是北京某日的次大拥堵时空子团的 $M_s(t)$演化图。$M_s(t)$越大，意味着在 t 时刻拥堵的道路越多。图 4-10（c）展示了前三大拥堵时空子团的尺寸 S 随时间的变化。图 4-11 展示了北京拥堵时空子团若干时刻的最大横截面 $M_s(t)$包含的道路的示例。

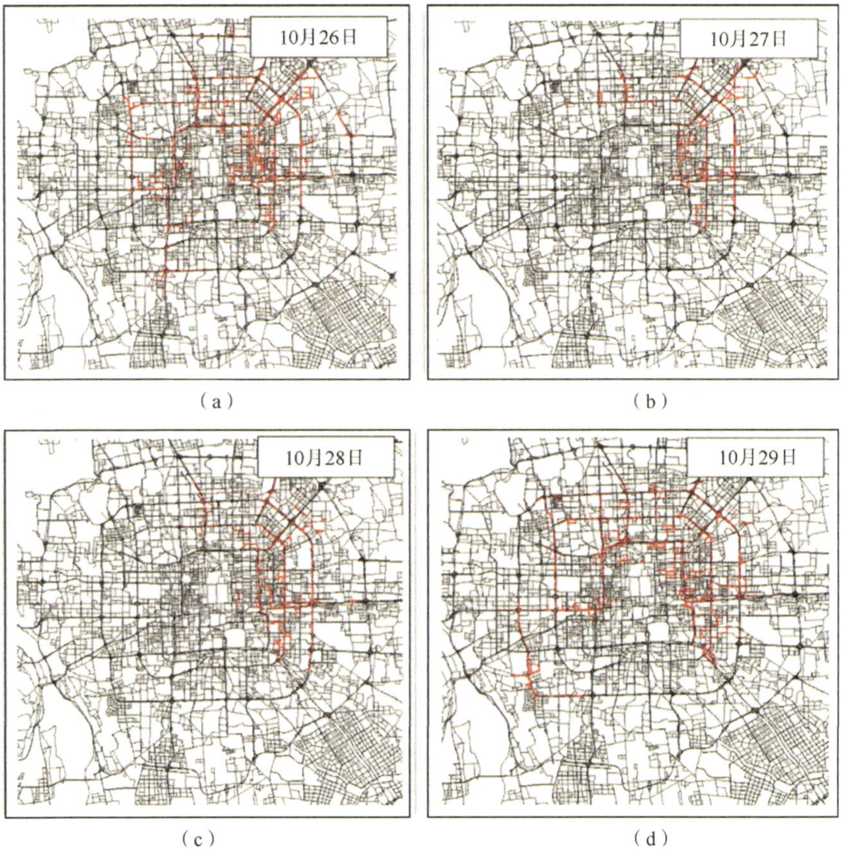

图 4-11　北京拥堵时空子团最大横截面包含道路（图中红色线段）示意图（Zhang et al.，2019）

拥堵时空子团的尺寸 S 被定义为拥堵时空子团在其恢复时间内的道路总数：

$$S = \int_{t_0}^{t_1} M_s(t)\,\mathrm{d}t$$

拥堵时空子团的规模天然代表了交通的韧性损失。上式不仅从空间维度上刻画了拥堵的传播，也从时间维度上刻画了拥堵的持续时长。因此，拥堵时空子团的定义可以直观地反映交通拥堵的时空传播和消散。拥堵时空子团规模越大，交通的韧性损失越大，交通系统的韧性越小。为了进一步说明子团尺寸随日期的变化趋势，我们分析了北京不同日期的前三大拥堵时空子团的尺寸（分别用 G、SG、TG 表示），如图 4-12 所示。可以看出，其中最大子团的尺寸在节假日（10 月 1 日至 10 月 7 日）明显更小，这可能是由于相比于工作日这些日期的市内交通需求更少。

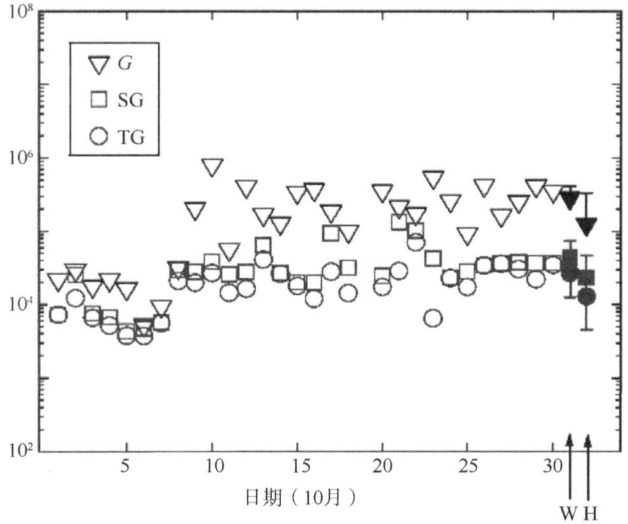

图 4-12　北京前三大拥堵时空子团尺寸随日期变化（Zhang et al.，2019）

图中最大子团 G（下三角）、次大子团 SG（方形）和第三大子团 TG（圆形）的最后两个实心点分别表示对应子团在工作日（W）和休息日（H）的尺寸平均值

接下来，我们对一个典型的日期进行分析，研究其子团规模及恢复时长的分布。分析北京和深圳两个超大城市的子团大小和恢复时间在一个典型工作日中的分布，可以发现子团尺寸的分布呈现无标度特性（图 4-13）：

$$P(S) \sim S^{-\alpha}$$

并且两个城市的指数都接近 2.3。

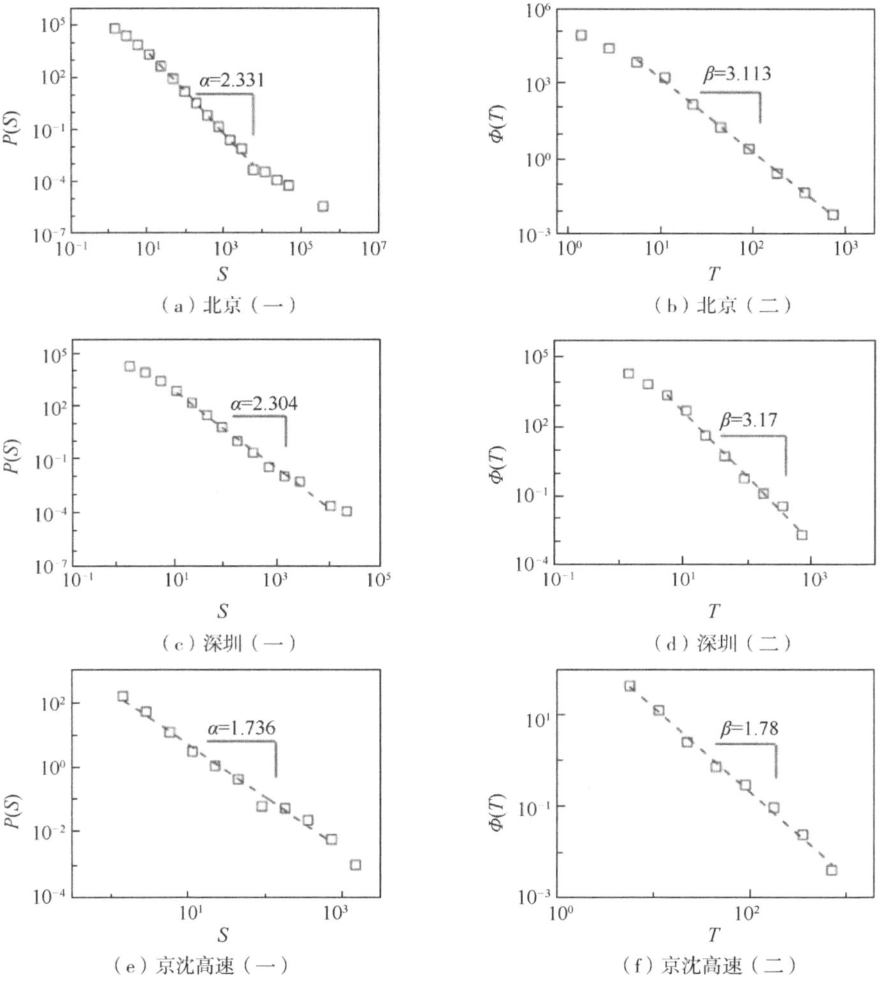

图 4-13　交通韧性与恢复时间的无标度规律（Zhang et al.，2019）

除了子团尺寸，交通拥堵恢复时间也遵循类似的幂律分布（图 4-13）：

$$\Phi(T) \sim T^{-\beta}$$

值得注意的是，韧性子团的大小和恢复时间的幂律分布在北京和深圳这两个典型的超大城市的不同日期里都是稳定的（图 4-14）。其中，子团尺寸分布在两个城市均遵循 $\alpha=2.34\pm0.02$ 的幂律，而恢复时间分布均遵循 $\beta=3.13\pm0.06$ 的幂律。在不同的城市和不同时期都存在高度吻合的标度律，表明这里定义的交通韧性测度可能反映了城市交通的固有属性，并且独立于微观交通细节。由于所有尺寸似乎遵循相同的标度律，因此不同规模和位置的交通堵塞可能存在统一的韧性管理方式。而恢复时间的标度律也能够帮助我们了解不同大小的拥堵子团的通用恢复机制，从而有助于我们制定行之有效的拥堵缓解策略。

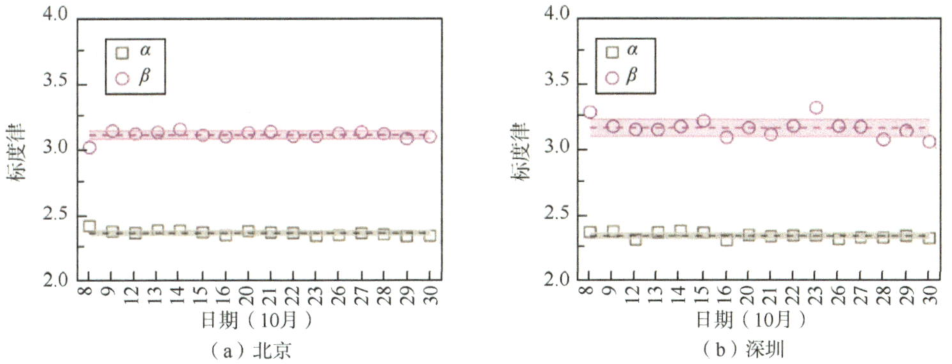

图 4-14　两大城市不同日期的时空子团尺寸与恢复时间标度律（Zhang et al.，2019）

交通韧性幂律分布的稳定性可能是交通流量的自组织性质和相应的优化管理城市交通办法共同作用的结果。一方面，大量的车辆在高峰时段涌入道路网络，使得交通状况日益恶化。交通流量恢复正常后，交通拥堵会自动消失。另一方面，采用相应的交通控制策略，如交通分流、限速等，以缓解特定交通拥堵、提高系统运行效率。所有这些都将系统推向其固有的运行极限而达到自组织临界状态，这可能是我们发现子团大小和恢复时间的幂律分布的原因。我们的城市交通系统是一个大系统，每天的流量需求比较相似，并且有相应的交通控制策略，这类似于自组织临界状态的沙堆模型。我们的交通系统可以被看作类似于沙堆模型，因为“颗粒”（汽车）是在一个城市的交通系统中不断增加的，从每天早上开始。然后，交通堵塞的局部扰动可能发展并扩散到邻近站点，就像多米诺骨牌效应一样，由于类似于沙堆模型的自组织临界性而形成各种大小的堵塞。这种自组织行为在大范围尺度上产生空间自相似结构和时间相关性。

交通韧性的无标度性所体现的普遍性特征通常取决于几个宏观变量，包括网络维度和总交通需求。为此，我们进一步分析了高速公路的结果。高速公路可以被看作是一维的路网，因此高速公路上拥堵子团是二维的（一个空间维和一个时间维）。从图 4-13（e）和图 4-13（f）可以看出，二维拥堵子团的子团大小和恢复时间分布也表现出明显的无标度分布，但具有不同的幂律指数。同时，高速公路上的二维时空拥堵子团的规模在不同日期中也是稳定的，如图 4-15 所示。一维高速公路交通韧性的尺度指数远远小于二维城市，说明大规模拥堵的概率更高，恢复时间更长。这种较低的韧性可能是因为在拥堵的高速公路上，可供选择的路径更少，而城市交通的拥堵有更多的途径被疏解。此外，从图 4-16 可以看出，节假日期间城市交通韧性相对较高，表现为 10 月 1 日至 10 月 7 日（国庆节）期间城市交通韧性指数较大（2.69±0.06），这可能是节假日期间市内交通总需求明显下降造成的。

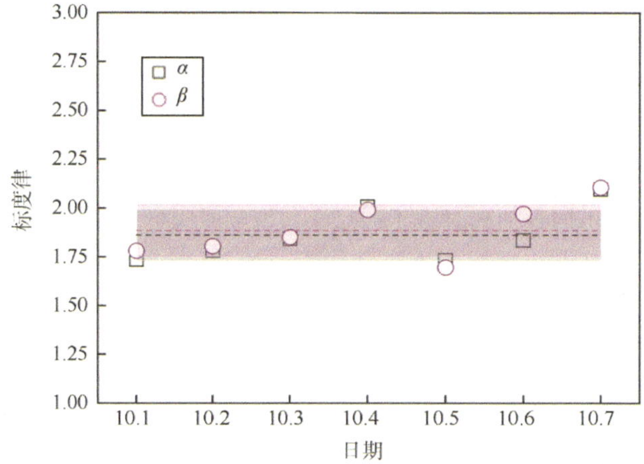

图 4-15　京沈高速公路不同日期拥堵时空子团规模及恢复时间的标度律（Zhang et al.，2019）

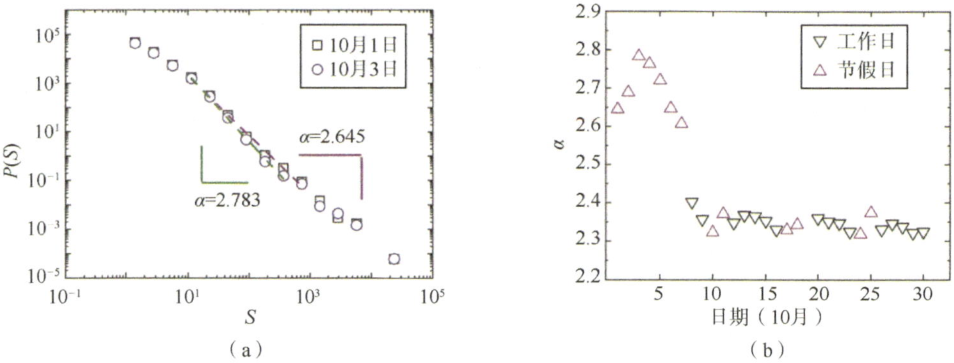

图 4-16　北京节假日期间的拥堵时空子团规模分布指数与工作日的区别（Zhang et al.，2019）

进一步分析交通拥堵规模与恢复时间之间的关系，可以看出，拥堵子团的恢复时间随着子团规模的增大而增大，且具有标度关系（图 4-17）：

$$T \sim S^{-\gamma}$$

其中，γ 为标度指数。如图 4-18（a）和图 4-18（b）所示，γ 的值在所有观测日期内也是稳定的。我们还测试了京沈高速公路的拥堵子团大小和恢复时间之间的关系，并发现了一个不同的幂律关系[图 4-18（c）和图 4-18（d）]。

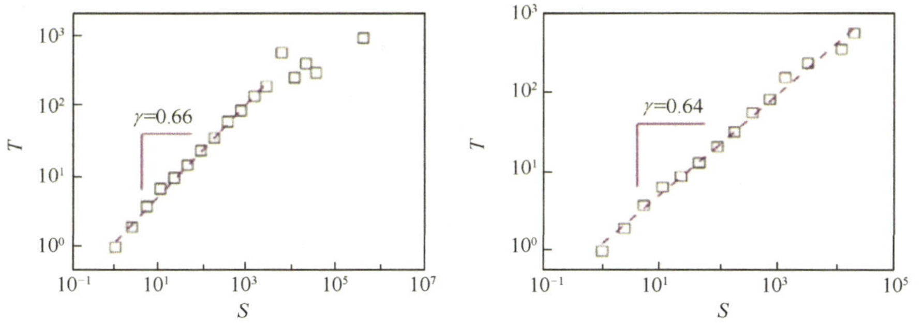

（a）北京　（b）深圳

图 4-17　恢复时间与子团尺寸的标度关系（Zhang et al.，2019）

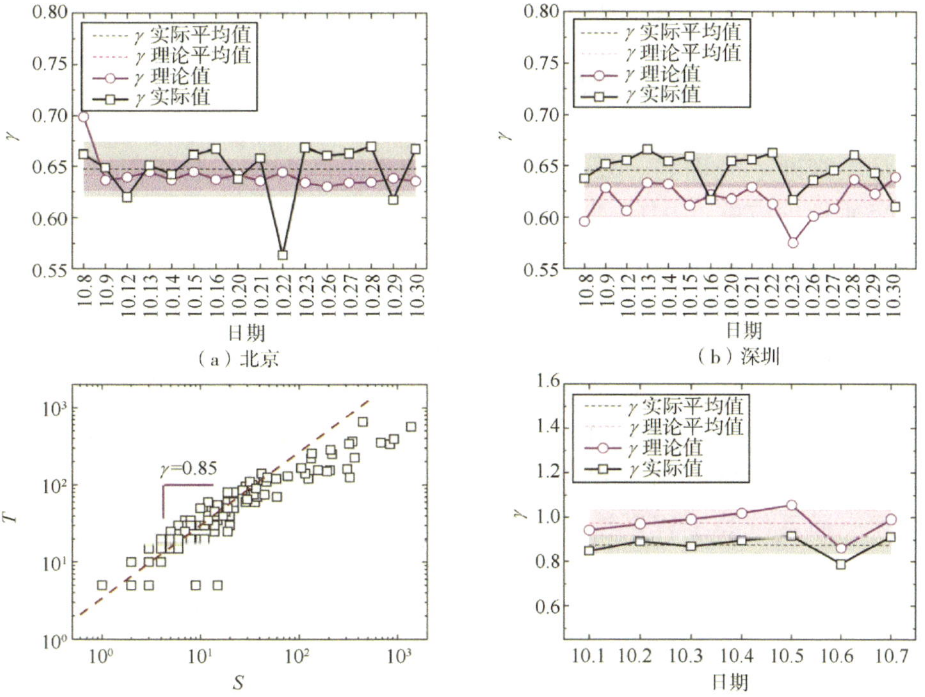

（a）北京　（b）深圳　（c）高速公路（一）　（d）高速公路（二）

图 4-18　标度指数 γ（Zhang et al.，2019）

我们假设三个指数 α、β、γ 在理论上是相关的。实际上，如果我们假设这三个指数服从幂律分布，那么指数 α、β 和 γ 可以通过以下公式联系起来：

$$P(S)=\Phi(T)\frac{\mathrm{d}T}{\mathrm{d}S}$$

从而得到三个指数之间满足的关系：

$$\gamma=\frac{\alpha-1}{\beta-1}$$

综上所述，我们基于拥堵子团的时空演化，对交通韧性进行了直观的定义。基于实证数据，我们发现时空交通拥堵子团大小和恢复时间均服从无标度分布，表明交通系统对不同扰动的响应可能具有共性行为。此外，本节发现的交通韧性测度在不同时空尺度的普适性也具有重要意义。例如，在交通韧性管理中，可以选择最容易处理的交通堵塞进行研究，这将有助于预测所有其他同类交通拥堵的行为，特别是通过统计推断极端事件发生的可能性。利用子团尺寸与恢复时间之间的关系，可以预测拥堵影响和一定拥堵规模的行为，有助于对交通管理进行决策支持。

4.2.3　交通健康的微观机理

对于交通系统而言，不同性能水平的系统运行状态意味着可能需要不同的交通管理方案。因此，研究在一定条件下（如一定的路网拥堵率）交通系统状态的不确定性规律具有重要意义。已有研究揭示了大多数自然系统（如生态系统）中多态的存在性，在特定条件下系统会呈现出“亚稳态”的特征，说明这些自然系统在面临相同程度的扰动时可能会有不同的反应。亚稳态的存在意味着：当扰动随时间演化而增强时，系统可能经历从稳态到亚稳态的转变，在稳态和亚稳态的临界点系统存在发生剧烈相变的可能性。然而，目前对于多态临界点的研究主要还是集中在自然系统，仍然缺乏描述交通系统等工程系统的宏观多态不确定性的方法。另外，已有的确定系统多态临界点的方法主要还是针对系统状态的时序分析方法（如自相关性等），其容易受到历史数据量以及误差波动的影响而掩盖一些相关性的表征，从而做出对临界点的错误预测。为了克服这一缺陷，可以结合系统的空间信息来弥补时间尺度数据量不足的问题。为此，我们提出了一种基于渗流分析的网络测度来度量交通系统的宏观状态。具体而言，我们计算给定拥堵率（拥堵道路数量占路网道路总数的比例）下交通流网络的最大功能子团（功能子团是由速度较高的道路组成的集合）的规模，将其作为交通系统宏观状态的测度。

由于交通流存在复杂的动态性，交通系统的可靠性与其结构连通特征并非在本质上一致。基于渗流理论，我们将交通的结构（路网）和功能（流网）特性结合起来，分析其在不同程度的扰动下（拥堵率）的系统性能水平。从可靠性管理的角度来看，拥堵可以视为交通系统中的一种“故障”——当道路的速度较低时，它就不能在一定的时间内将交通流传输到目的地。只有那些由速度较高的道路连接形成的区域（功能子团）才是满足正常交通需求的。因此，可以将其中的最大功能子团作为系统宏观运行性能的度量，最大功能子团的尺寸越大，则系统的宏观性能越好。我们首先分析北京某天上午在给定拥堵率 f 下（这里为 f=0.25）的最大功能子团尺寸随时间的变化，如图 4-19 所示。可以看出，在这一时段内，系统的宏观性能确实呈现出多级性能水平，例如在早上 7:41 时刻，交通流网络分解成若干个小的功能子团，而在几分钟之后的 7:48 时刻，这些功能子团又合并形成了一个几乎覆盖整个路网的大子团，说明此时交通运行状态良好。同时，从图 4-19 中可以看出，交通系统在较好运行状态和较差状态之间来回演化变换，表明交通系统可能经历了不同稳态之间的相变。

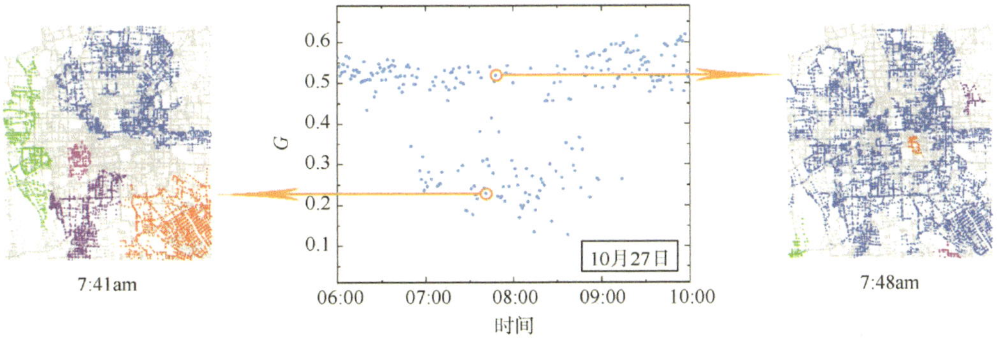

图 4-19　交通系统的多态演化过程示例（Zeng et al.，2020）

左右图中前五大功能子团分别用蓝、橙、紫、浅绿、品红表示

进一步，我们对一个月所有工作日的交通运行数据进行统计，并进行渗流分析，得到了最大功能子团尺寸（G）和路网拥堵率（f）之间的变化关系。如图 4-20（a）所示，可以看到最大功能子团尺寸随着拥堵率的增加而减小，并且在 f 的某个变化范围区间内，交通系统可能存在一个很大的最大功能子团（此时系统处于高性能态，我们称为 H 态），也可能仅有

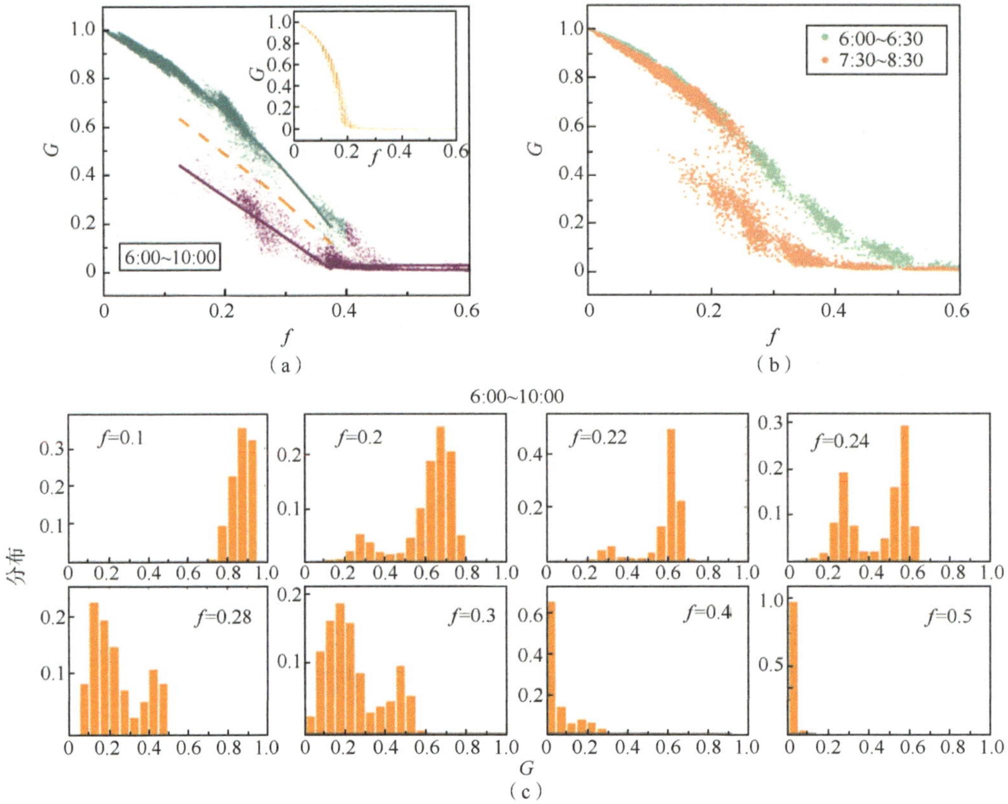

图 4-20　基于实证数据的交通多态验证（Zeng et al.，2020）

图（a）中深绿色点表示系统处于 H 态，紫色点表示系统处于 L 态；深绿色和紫色实线分别对应系统两类状态的拟合函数；橙色虚线是 H 态与 L 态的分界线

一个较小的最大功能子团（此时系统处于低性能态，我们称为 L 态）。另外，如果我们忽略交通流的影响，而只是考虑路网拓扑结构层面的影响，例如我们对路网结构进行随机渗流分析（即随机移除路网中一定比例的道路），可以发现最大功能子团尺寸随着移除比例的变化是单调的，这一过程中只会出现一种稳定的系统状态，如图 4-20（a）中的插图所示，其中系统的渗流临界点大致在 f_c=0.2 处。我们对另一组不同时期的北京交通运行数据进行分析，也发现了类似的多态现象，验证了该城市出现交通多态现象的稳定性；而对于规模较小的另一个城市济南，我们发现其只存在一个可能的交通稳态，如图 4-21 所示。此外，我们对另一个超大城市上海进行分析，发现上海甚至可能存在三个稳态，如图 4-22 所示。综合以上结果，

我们可以推断多态现象的存在是系统结构特性和动力学特性共同作用的结果，具体表现在交通系统中则是路网层和流网层的共同影响所致。

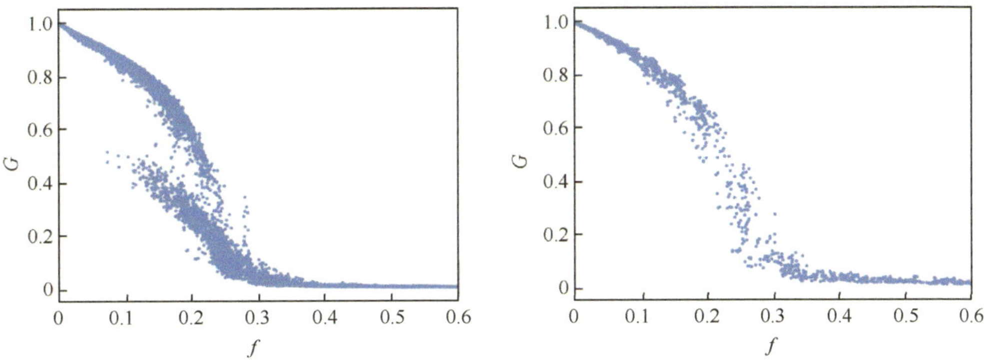

（a）北京2018年7:00~9:00　（b）济南2018年7:00~9:00

图 4-21　北京和济南的 G-f 散点图（Zeng et al.，2020）

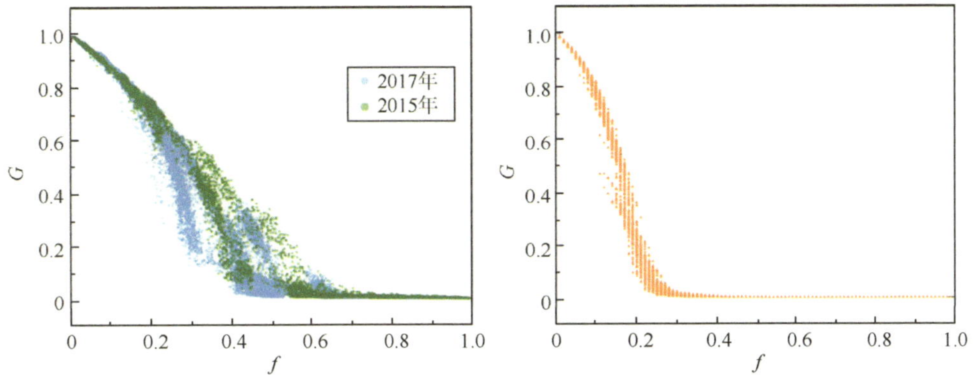

（a）上海的交通多态（6:00~10:00）　（b）上海路网随机渗流

图 4-22　上海的交通多态以及上海路网随机渗流（Zeng et al.，2020）

交通多态往往发生在某一特定的时间段内。如图 4-20（b）所示，在早上 6 点至 6 点 30 分的非高峰时段，可以发现渗流过程是单调变化的；而在 7 点 30 分至 8 点 30 分的高峰时段，交通渗流在某个拥堵率范围呈现出了多态特性。从系统动力学的角度来看，系统的稳定状态与系统吸引域的形状是相关的。为此，我们统计了图 4-20（a）中的不同拥堵率 f 下的系统宏观状态指标 G 的分布，如图 4-20（c）所示。同时，我们也可以通过适当的统计方法进一步验证多态的存在性。具体而言，我们可以利用高斯混合模型（Gaussian mixture model，GMM）来拟合这些分布图，通过计算拟合优度来确定最优的高斯分布数目，即系统可能的稳态数量，如图 4-23 所示。

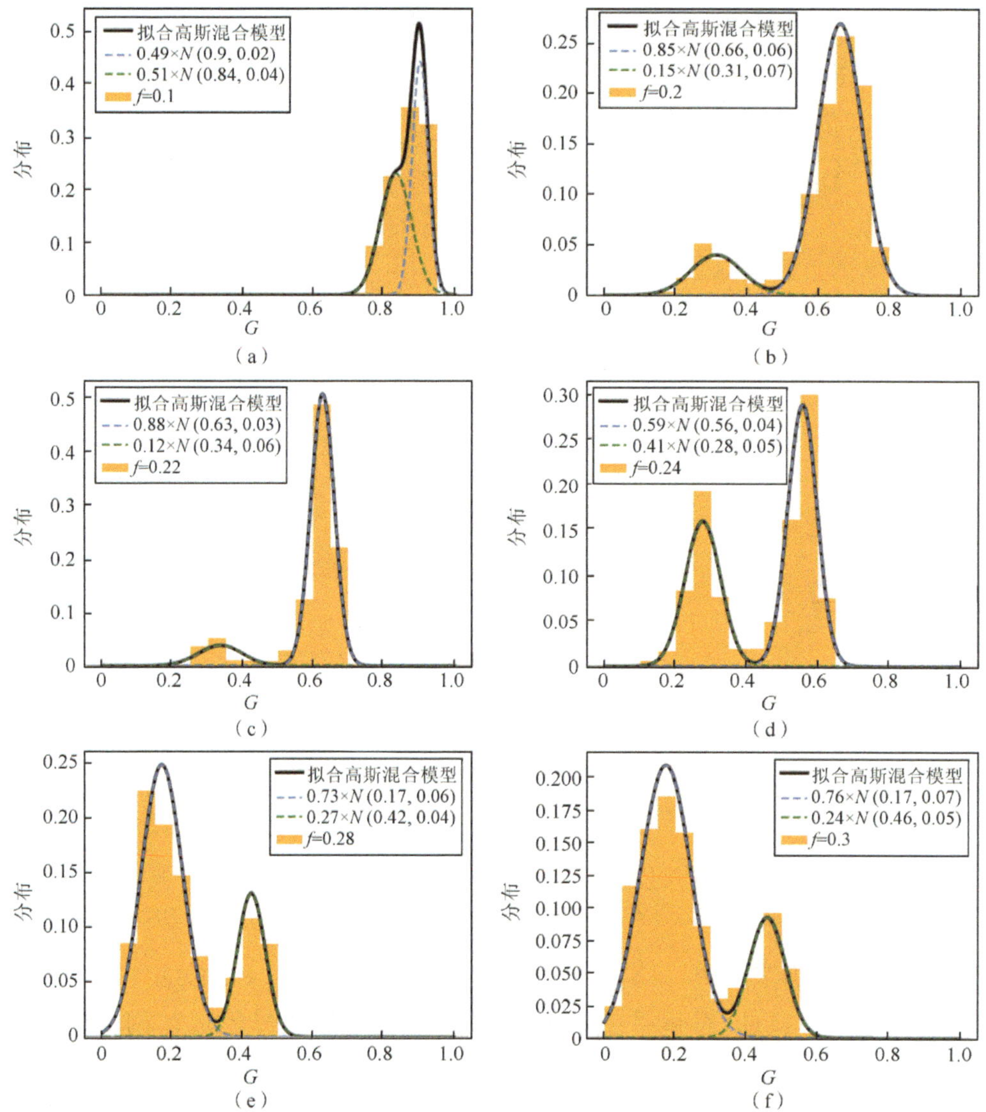

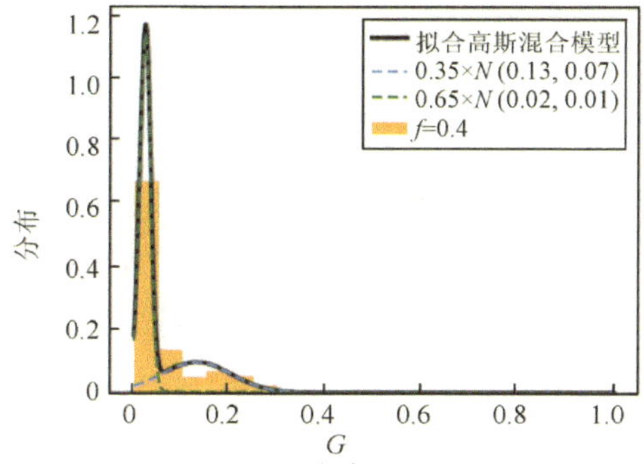

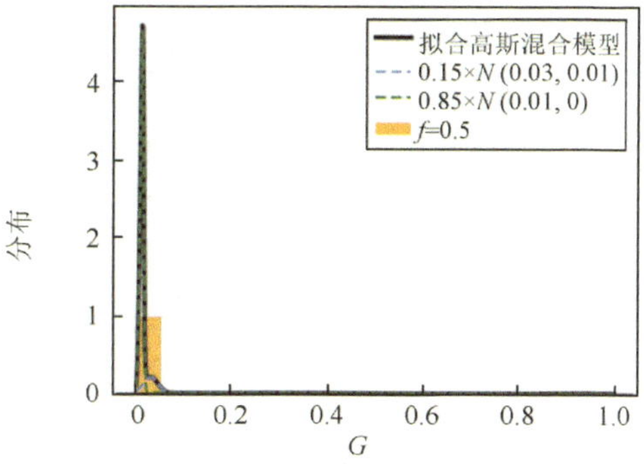

图 4-23　用高斯混合模型验证交通多态（Zeng et al., 2020）

各子图为给定 f 下关于最大子团尺寸 G 分布（黄色直方）及其高斯混合模型的拟合函数（黑色实线）。其中的高斯混合模型由两个基本高斯分布函数加权组合而得，每个基本高斯分布函数的权重 w、均值 μ 和标准差 σ 在图例中以"$w \times N(\mu, \sigma)$"的形式标注

当拥堵率的值较低时（如 f=0.1），交通系统只有单一的一个 H 态（对应 $G \approx 0.9$）；而当拥堵率增加时，系统处于 H 态的概率不断减小，同时出现 L 态的可能性增加；当拥堵率进一步增加时，H 态消失，系统只存在 L 态。因此，在拥堵率 f 的某一范围内，系统高低性能两种稳态是共存的，系统表现出亚稳态的特征。

进一步分析系统随时间变化而在不同态之间演化的规律，我们统计了数据集中所有工作日的系统处于某一状态的概率随时间变化的过程，如图 4-24（a）所示。从中我们可以发现两个时间的临界点，一个是早上 7 点左右，此时系统可能开始出现 L 态；另一个是早上 9 点左右，在这个时刻之后系统几乎不再出现 L 态。而在早上 7 点到 9 点之间，系统的 H 态和 L 态是共存的，两种状态的出现存在不确定性。这两个临界时刻可能对不同拥堵时段的交通韧性管理方案的制订有帮助。我们同时也对不同工作日在上午时段的 H 态和 L 态的出现概率进行了统计分析，发现不同工作日的系统宏观运行状态也存在一定的差异，如图 4-24（b）所示。同时，我们对某一天系统状态的时间序列进行了分析，例如通过计算系统状态指标 G 的自相关性，我们发现系统的宏观状态存在"延续性"（persistence），如图 4-24（c）所示。例如，从图 4-24（c）中可以看出，H-H 态和 L-L 态切换出现的概率要高于 H-L 态和 L-H 态切换。

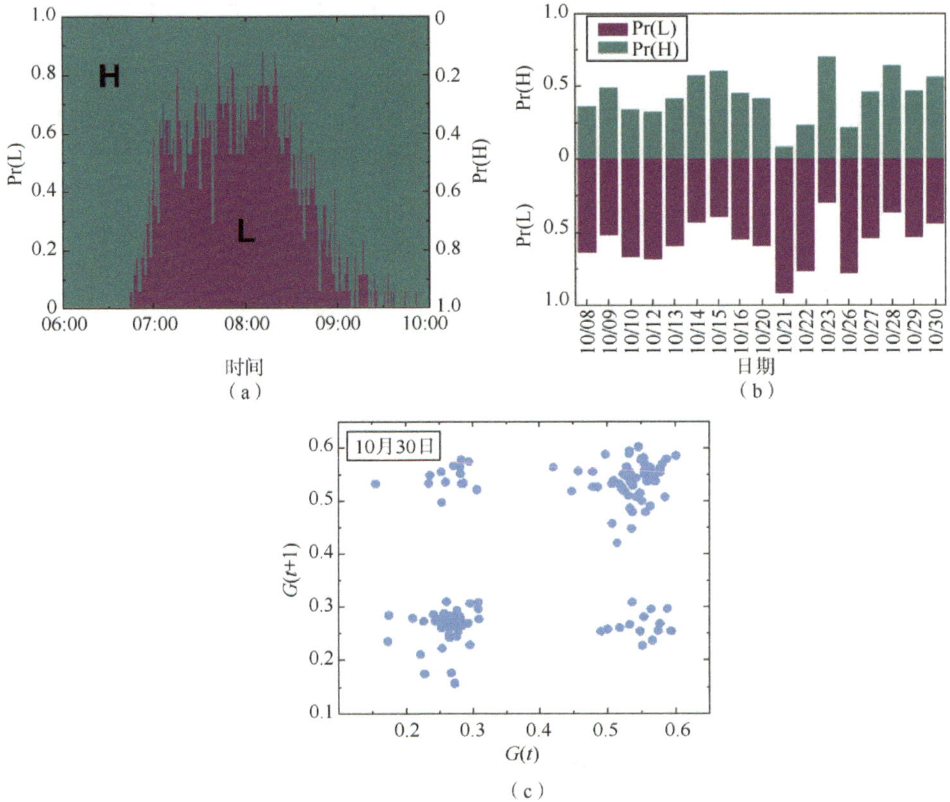

图 4-24　交通系统多态不确定性随时间演化的变化关系（Zeng et al.，2020）

图（a）和图（b）中的 Pr(H)和 Pr(L)分别表示 H 态和 L 态的出现概率

当系统处于亚稳态时，系统性能的不确定性大大增加，从系统韧性管理的角度看，这将增加系统运行过程中的风险。因此，确定系统稳态与亚稳态的临界点是非常重要的。我们采用了渗流分析的方法来定位系统多态的临界点，如图 4-25（a）所示。当系统接近其渗流临界点时，系统的序参量（如交通系统状态指标 G）与控制参量（如拥堵率 f）满足如下标度律：

$$\left|G-G_c\right| \sim \left|f-f_c\right|^{\beta}$$

其中，f_c 为系统相变的临界点；G_c 为系统处于临界状态时的序参量的值。基于以上标度律，我们计算得出交通系统稳态与亚稳态的两个临界点，如图 4-25（b）所示。

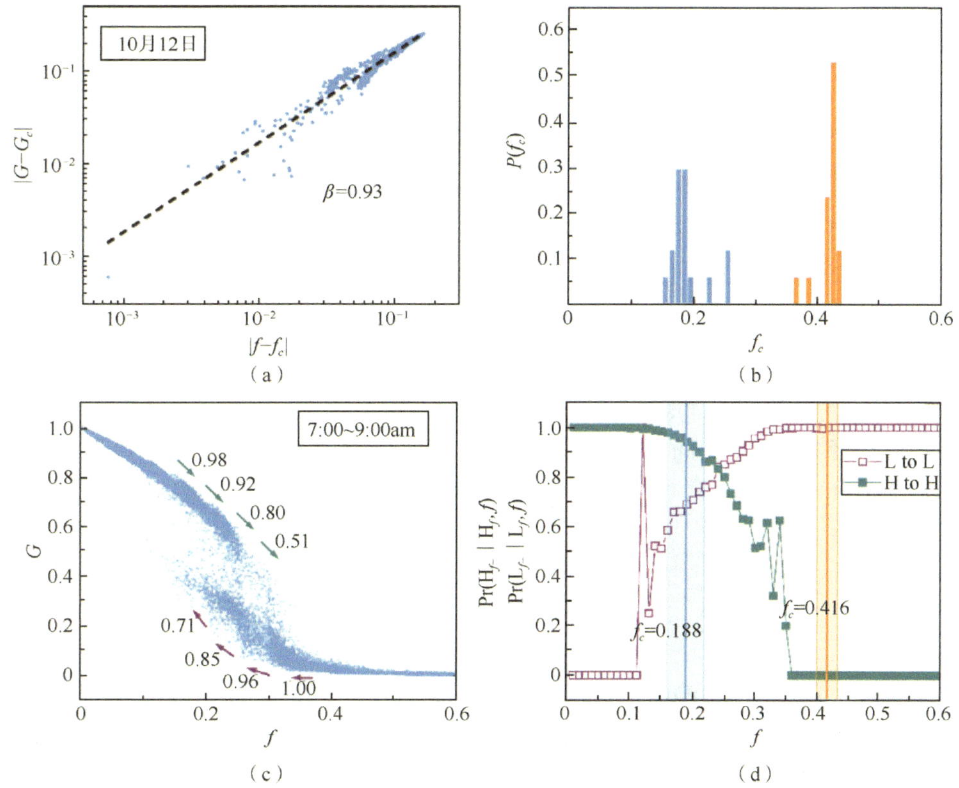

图 4-25　交通系统多态的临界点及滞回现象（Zeng et al.，2020）

交通系统中亚稳态的存在，以及交通在不同状态之间切换时的时间延续性，意味着交通系统中可能存在类似滞回的现象。为了验证这一假设，我们重点分析了交通系统在工作日 7 点至 9 点这一亚稳态出现的时间段。对于每一个时刻下的交通系统，我们同时记录其当前的宏观运行状态以及当拥堵率稍微增加（或降低）时的状态，如图 4-25（c）所示。可以看出，系统的拥堵率发生很小的变化（增加或减小）时，系统总是更倾向于停留在变化前的状态，说明系统宏观状态的变化存在一定的“记忆性”，这一现象可以得到统计分析结果的进一步验证[图 4-25（d）]。状态记忆性和滞回现象的存在是交通系统演化多态规律的一个重要特征。

交通多态规律的产生可能是由于交通信息域与交通物理域的交互配合不够完善，主要还是对交通调控或信息诱导的前瞻性和全局性考虑不足，只关注了当前时刻、当前路段的性能优化，而没有考虑到路段流量的时空联系，其关键原因还是缺乏对交通微观时空尺度健康机理的深刻理解。交通系统的信息域与物理域存在复杂的交互过程，使得城市路网中的交通流的时空分布不断变化。交通各态之间的转移规律或许可以启发新的交通调控策略，例如，通过交通信号调控或者交通信息诱导等手段，对车流量较大的路段实施分流、限流处置，从而促使区域或者路网的交通流分布更为均匀，此时路网处于运行性能较高的状态；当交通调控或交通诱导实施了一段时间之后，考虑到当前路网处于高性能态，则会停止调控或诱导，此时出行者会基于使自身出行利益最大化的方式规划出行路径（即自私路径规划），车流会再度向一小部分路段汇集，导致路网的车流分布异质化程度加强，路网处于低性能态，为此需要再度实施交通调控等手段。随着该过程的循环往复，交通路网也会在高性能态与低性能态之间不断演化，直到路网中的整体流量下降（如度过了出行高峰期）。

参 考 文 献

Behrends S, Lindholm M, Woxenius J. 2008. The impact of urban freight transport: a definition of sustainability from an actor's perspective. Transportation Planning and Technology, 31（6）: 693-713.

Holling C S. 1973. Resilience and stability of ecological systems. Annual Review of Ecology and Systematics, 4（1）: 1-23.

Zeng G W, Gao J X, Shekhtman L, et al. 2020. Multiple metastable network states in urban traffic. Proceedings of the National Academy of Sciences of the United States of America, 117（30）: 17528-17534.

Zeng G W, Li D Q, Guo S M, et al. 2019. Switch between critical percolation modes in city traffic dynamics. Proceedings of the National Academy of Sciences of the United States of America, 116（1）: 23-28.

Zhang L M, Zeng G W, Li D Q, et al. 2019. Scale-free resilience of real traffic jams. Proceedings of the National Academy of Sciences of the United States of America, 116（18）: 8673-8678.

第 5 章　交通健康指标体系

未来交通管理背后的基本逻辑，需以综合、平衡不同维度管理目标而形成的交通健康观为基础。为此，我们希望提出一套以健康为导向的、综合不同管理要素的交通健康指标体系。我们认为，一个健康运行的交通系统，将具备高效率、高可靠、不脆弱、高韧性、有潜力、有活力等健康特征。具体的交通健康指标内容如图 5-1 所示。以下将逐项展开介绍各个指标的具体含义。

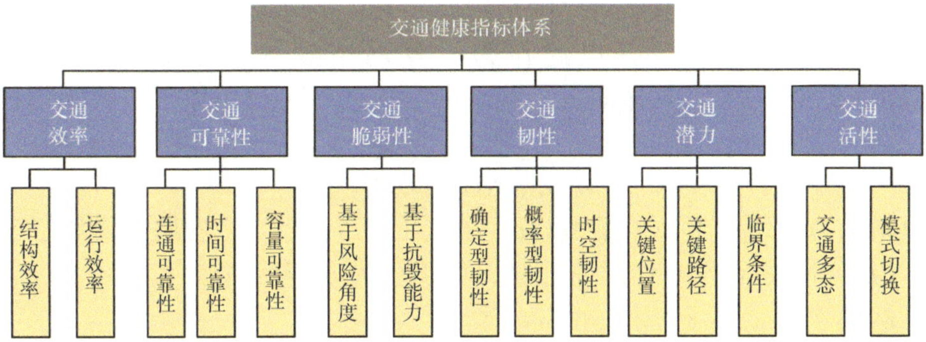

图 5-1　交通健康指标体系

5.1　交 通 效 率

交通效率本质上是衡量交通系统在单位时间或单位成本内可以满足的交通需求或完成交通运输量的指标。交通效率可以从静态角度的结构效率和动态角度的运行效率来进行分析。

5.1.1　结构效率

交通系统天然是一个网络结构的系统。从结构层面来看，要衡量网络的结构效率，可以从网络中连接两点的路径方面进行分析。网络路径指的是网络中从一个节点到另一个节点的一系列连续相通的节点和边构成的线路。路径长度则是某一条路径上包含的所有边的长度之和。对于有权网络而言，通常边的长度用权值来衡量，则路径长度相当于路径上包含的所有边的权值之和；而对于无权网络而言，路径长度相当于路径上包含的边的数量之和——通常将一个节点通过一条边到其邻居节点的过程称为“跳”（hop），因此无权网络路径长度即路径起点到终点的跳数之和。网络中任意两点之间可能存在多条路径，其中路径长度最短的一条或者几条称为最短路径。在网络的所有最短路径中，最长的一条所对应的长度可以认为是网络的直径。网络直径的大小能够衡量网络的规模，也与网络内的传输距离有关系。

计算网络中所有节点对之间最短路径长度的平均值，可以得到网络的平均最短路径长度，并以此作为计算网络效率的依据（Latora and Marchiori，2002）。具体而言，网络的结构效率可以用以下公式来衡量：

$$E = \frac{1}{N(N-1)} \sum_{i \neq j} 1 / d_{ij}$$

其中，N 为网络中节点的数量；d_{ij} 为节点 i 到节点 j 之间的最短路径的长度。当 i 和 j 之间没有连通路径时，可以认为 d_{ij} 为无穷大，即 $1/d_{ij}=0$，上式仍然成立。

5.1.2　运行效率

交通路网的结构在短时期内基本不会变化，因此交通结构效率的评价往往在路网设计初期或者规划新布局时具有指导作用。评价日常交通运行的效率高低，需要充分利用动态交通流的状态信息。因此，交通运行效率的评价往往涉及时间或车流量等方面的要素。

在时间方面，常用的交通运行效率评价指标包括平均速度、平均旅行时间、可达性、平均旅行时延等。其中，平均速度可以通过能记录到的网络中各路段的行驶速度直接统计计算得到。平均旅行时间往往需要收集或抽取一定数量的车辆行驶轨迹，通过计算不同起点与终点之间的路径旅行时间获得。可达性、平均旅行时延又与平均旅行时间有关，前者进一步关注在所抽样的路径中能够在规定的时间内到达目的地的比例，而后者通过对比当前路径旅行时间与同一路径在自由流状态下的比值得到。

在流量方面，常用的交通运行效率评价指标包括平均交通流量、交通饱和度等。其中，交通流量通过计算单位时间内通过路段某处的车辆数得到，将网络中所有路段的交通流量取平均值可得平均交通流量。交通饱和度则是网络交通流量和通行能力的比值。

5.2　交通可靠性

早期的交通健康度量方式以基于交通可靠性的指标为主。交通可靠性可以定义为交通系统在规定的条件下和规定的时间内满足一定出行需求的能力。交通可靠性最常用的指标包括连通可靠性、时间可靠性、容量可靠性三类。

5.2.1　连通可靠性

关于连通可靠性的研究可追溯到 Mine 和 Kawai（1982）的论著，其主要研究网络系统中的端到端的连接可行性问题，常用系统在扰动后仍然能保持连通的概率来衡量。早期在计算连通可靠性时，对路径上的各条路段只考虑“连通”或“不连通”两种状态，而忽略了路段的“质量”（如道路等级、交通量）等方面的因素。之后，陈艳艳等（2003）定义了道路单元的畅通可靠度，相当于使各条路段不再只是 0/1 状态，其连通性将依概率而存在。在这一基础上，再通过分析给定 OD（origin-destination，起点-终点）之间的路径连通概率，最终确定 OD 间的可靠度。之后，相关学者进一步分析了交通需求分布（梁颖等，2007）、路网饱和度与路网密度（唐夕茹等，2011）等因素对城市交通畅通可靠性的影响。徐佩佩和邵春福（2016）构造了三种公共交通网络的拓扑模型，通过分析不同攻击模式下的网络效率和相对连通度两个指标的变化来评价网络的连通可靠性。不难看出，连通可靠性主要关注交通系统在结构层面的性质而较少反映交通系统运行层面的特点。

5.2.2 时间可靠性

为了弥补连通可靠性难以刻画交通系统运行状态的缺点，有学者提出了行程时间可靠性的概念。对行程时间可靠性的研究可以追溯到 1991 年，由 Asakura 和 Kashiwadani（1991）发表的一篇会议论文首次提出了行程时间可靠性的概念：行程时间可靠性表征的是出行者在给定的 OD 上能在规定的时间内顺利完成出行的概率。Lam 和 Xu（1999）提出了一个交通流仿真模型用以评估路网的可靠性，其也是基于行程时间可靠性。该模型只需要提供 OD 需求分布和部分道路的运行数据就可以估计网络的整体流量，并通过分析需求的波动和旅行时间的误差，利用蒙特卡罗仿真算法计算得到网络可靠性指标。熊志华等（2004）认为经典的行程时间可靠性计算方法没有考虑到路段之间的相互影响关系，这样可能会高估路网的可靠性。因此，他们在 2004 年有针对性地提出了考虑路段相关性的行程时间可靠性分析方法。Clark 和 Watling（2005）通过分析出行随机需求下的路网行程时间的概率分布，基于交通配流模型提出了路网行程时间可靠性的评估方法，并通过这一方法尝试挖掘了网络中的敏感（或者脆弱）道路。许良和高自友（2008）提出了基于出行时间可靠性的城市交通网络设计方法，建立以出行时间可靠性最大为上层目标、以随机用户均衡配流为底层关系的交通网络设计双层规划模型，并采用遗传算法等技术进行求解。Xiong 等（2009）认为出行者对于出行时延具有一定的容忍性，这种心理行为可以通过模糊数学的方法来映射，并进一步提出了模糊旅行时间可靠性的概念。从已有的研究来看，行程时间可靠性的分析通常都离不开对行程时间的“均值-方差”的关注（Carrion and Levinson，2012），这也反映了人们在日常出行时既考虑总体出行时间，又考虑出行稳定性（出行时间波动不能过大）的特点。

5.2.3 容量可靠性

交通系统的容量可靠性是由 Chen 等（1999）提出的，其定义为交通系统在自身容量水平下能够容纳一定水平的交通量需求的概率。容量可靠性与连通可靠性相比，优势在于各路段的状态不再是唯一的 0（不连通）或 1（连通）的状态，而可以是一个多元的值，因此具有能够更丰富地反映交通系统的整体连通的性质；另外，容量可靠性在考虑了路段的容量限制后，会使出行者的路径选择行为受到影响，而出行选择的影响又可以反映到各路径的行程时间这一方面，所以实际上也间接地和行程时间可靠性联系了起来。Lo 和 Tung（2003）将“概率用户均衡”（probabilistic user equilibrium，PUE）引入路网可靠性的计算中，着重分析了路段容量下降对网络整体出行时间和容量的影响。刘海旭和蒲云（2004）构造了一个路网容量可靠性的双层规划模型，该模型可以减少容量可靠性求解时的计算量。许良和高自友（2006）则设计了基于路段能力可靠性的城市交通网络设计方法，建立以系统总阻抗最小为上层目标、以用户均衡条件和路段容量可靠性为底层约束条件的双层规划模型，并在一个小型模型网络上验证了效果。Lam 等（2008）分析了供需两侧对路网容量的影响，提出了能够综合分析这两方面影响的模型框架，该框架能够解决不同场景下的容量可靠性计算问题。还有一些学者通过仿真方法进一步分析和验证了路网容量可靠性的影响因素。例如，Chen 等（2009）通过仿真方法，分析了存在混合交通流及信号灯控制的复杂场景下的交通容量可靠性问题；Shi 等（2020）采用了元胞自动机仿真，分析了路网出现“锁死”现象的临界容量值等。

5.3　交通脆弱性

交通脆弱性是交通系统在极端条件下发生结构或功能方面的整体性崩溃的性质。随着城市规模的发展，相对于常发性拥堵引起的交通可靠性下降事件（如城市高峰期的交通拥堵现象），一些重大突发事件对交通系统造成的影响逐渐开始引起人们的重视。因为常发性的拥堵往往可以通过数据统计总结经验，并提前采取一些相关的应对措施以缩小其影响时间和影响范围。然而，重大突发事件往往具有罕见性、危害性、突发性等特点，其罕见性将导致我们对这类事件的发生难以进行有效的统计分析，其危害性将导致事件发生的后果非常严重，其突发性又将导致难以对这类事件提前规划好合适的应对方案和策略。对于交通脆弱性管理的问题，挖掘交通系统发生全局性崩溃的内在机理和条件是关键。

目前关于城市交通脆弱性的定义还没有统一的标准。经典的交通脆弱性研究主要从两个角度出发。其中一种角度根据交通系统的脆弱性与交通系统面对异常事件的敏感程度来衡量，这里的敏感程度实际上包含两个方面的含义：一方面，体现在异常事件的不确定性，系统发生异常事件的概率越高，说明交通系统对异常事件扰动的反应越敏感；另一方面，体现在系统发生异常事件后的性能下降水平，系统在异常事件发生后的性能下降越大，则说明该交通系统对异常事件扰动的反应越敏感。从这个角度来看，交通系统的脆弱性实际上与交通风险具有较强的联系（Berdica，2002），在实际应用时也常用交通网络的风险指标作为路网的脆弱性指标。基于这一角度，学者进行了诸多研究。例如，Taylor 等（2006）以路网的可达性作为路网性能指标，通过衡量路网可达性在异常事件影响下的变化程度来度量路网的脆弱性。其中，他们提出不同地理位置的失效风险是尤其需要考虑的。Chen 等（2007）也从可达性的角度来分析路网的脆弱性，他们在分析过程中引入了路网在均衡状态下的出行需求，通过研究扰动事件发生后路网在均衡状态下的可达性变化，来度量路网的脆弱程度。这些基于可达性的交通脆弱性指标虽然容易被用户理解和接受，但局限性在于，这类指标主要体现局部交通（特别是交通极端拥堵区域）的供需矛盾情况，容易受到不同用户样本导致的抽样偏差影响，难以反映系统的宏观运行特点；此外，这类指标的计算需要等待大量用户出行行程完成之后，才能准确根据其出行轨迹确定 OD 间的可达性高低，因此较难提供准确的实时分析结果。Jenelius 等（2006）提出道路脆弱性来源于两个方面：一方面是灾害事件的发生概率，另一方面是事件发生后对特定地点造成的后果——他们定义为“暴露”（exposure）。通常扰动都是从交通网络的供给侧来考虑的，例如灾害事件造成某些路段的容量下降等，而 Connors 和 Watling（2015）则从交通网络的需求侧出发，通过分析需求变化造成的系统服务水平的变化，提出了交通需求脆弱性指数。

另一种角度则主要考虑交通系统在异常事件影响下的最严重失效状态，这一失效状态下的系统通常不仅仅是“性能大幅损失”的，而是“失去运行功能”的。与基于风险的角度不同的是，这一脆弱性度量方式不会涉及对扰动事件的不确定性进行分析，而是相当于通过分析系统“最坏、最糟糕”的状态来衡量系统脆弱性高低。从这个角度来看，交通系统的脆弱性实际上类似于系统“抗毁性”（invulnerability）（谭跃进等，2011）的对立面。例如，杨露萍和钱大琳（2012）以失效后对路网造成的最大损失作为评价标准，并基于这一标准定位出影响交通脆弱性的关键路段，从而分析了交通路网的脆弱性问题。Kim 和 Yeo（2016）则提出了一个基于宏观基本图的路网脆弱性指数，其具体计算方式为：通过计算路网正常运行场景下和灾害发生场景下的宏观基本图的差异来得到他们提出的这一指数的值。还有一部分学者提出了基于复杂网络拓扑性质的脆弱性指标。例如，汪涛和吴琳丽（2010）以公交网络拓扑结构作为研究对象，分析了四个城市的公共交通系统应对不同攻击模式下（包括随机攻击和蓄意攻击）的抗毁性，分析了以网络最大连通子团和网络效率为性能指标的公交网络脆弱程度。他们研究发现，公交网络对蓄意攻击十分脆弱，而对随机攻击较为鲁棒，呈现出与无标度网络在不同攻击模式下相似的脆弱性模式。叶青（2012）则分析了不同攻击方式下重庆轨道交通网络的全局效率，通过计算各节点失效后网络全局效率的变化率，挖掘了其中的关键脆弱节点。张玺（2017）则提出了基于动态网络效率的平均脆弱性指标，并与静态网络的脆弱性指标进行了对比分析，发现基于动态网络效率的脆弱性指标具有更高的识别率。Guo 等（2018）基于实证交通数据研究了暴雨场景下北京和武汉的瘫痪道路的分布模式，发现两座城市对暴雨影响表现出不同的脆弱性模式。而爆炸渗流（Achlioptas et al.，2009）、最优渗流（Morone and Makse，2015）等渗流模型的提出，为挖掘交通网络系统的“最速崩溃”模式提供了启发，也为交通系统的脆弱性分析提供了新的思考方式。

5.4 交通韧性

韧性（resilience，或称弹性）一词源自拉丁语单词“resilire”，其原本的意思是“返回原来的位置（或状态）”。Holling（1973）首次将韧性的概念应用在对生态系统的分析中。在研究中，他将系统韧性定义为：系统从外界扰动中恢复的能力。之后，韧性作为一种表征系统抵御干扰能力大小的重要测度，已经被越来越多来自不同研究领域的学者所关注，在如社会、经济、安全、交通、生物等不同系统的分析中大放光彩。已有的诸多研究也从各自领域的角度，提出了不同的韧性度量指标。其中有一些指标是不依赖具体系统对象的通用指标，可用于分析不同类型的系统（当然也包括交通系统在内）。这些通用韧性指标可以分成确定型韧性指标和概率型韧性指标两大类。

5.4.1 确定型韧性指标

Bruneau 等（2003）提出了通过计算系统性能曲线在系统受到扰动到完全恢复这段时间内的积分来衡量系统韧性的方法，如图 5-2 所示，其具体公式如下：

$$R=\int_{t_0}^{t_1}[100-Q(t)]\mathrm{d}t$$

其中，$Q(t)$ 为系统的性能指标度量值；t_0 为系统开始受到扰动的时刻；t_1 为系统完全从扰动中恢复至初始状态的时刻。其中，系统的性能指标是一个在 0 到 100 之间取值的标度值，取值为 0 表示系统完全丧失应有功能，取值为 100 则表示系统正常状态下的性能值（即系统性能没有任何退化）。由于这一积分代表的数学含义是一个类似三角形区域的面积，因此后来也有学者将这一指标称为“韧性三角形”（resilience triangle），这一指标成了最经典的度量系统韧性的方式之一。

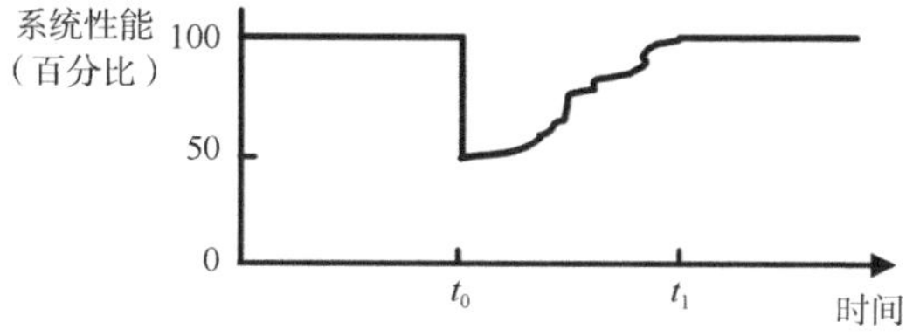

图 5-2　系统性能曲线变化示意图（Bruneau et al.，2003）

Rose（2007）将韧性定义为“一个实体或系统在受到冲击后仍能保持功能状态的能力”。他提出了一种静态韧性的度量指标，其计算方法如下：

$$R=\frac{\%\Delta\mathrm{DY}^m-\%\Delta\mathrm{DY}}{\%\Delta\mathrm{DY}^m}$$

其中，$\%\Delta\mathrm{DY}^m$ 为最大可能的性能下降百分比；$\%\Delta\mathrm{DY}$ 为在扰动事件下预估的性能下降百分比。可以看出，这一韧性指标主要衡量的是系统受到冲击后偏离设定功能状态的程度。显然，这一度量方式并没有将系统的恢复速度融入指标中。

以 Rose 提出的静态韧性指标为基础，Cox 等（2011）将这一韧性指标计算公式应用于交通系统的韧性度量。他们提出以乘客出行量作为系统性能的衡量方式，将交通系统遭受攻击后的乘客出行变化量代入计算公式，从而分析了交通系统在受到攻击事件的扰动后运行功能的恢复程度。

Zobel（2011）考虑了两个系统在遭受外界扰动时最关键的韧性因素——初始性能下降程度和系统恢复时间，如图 5-3 所示。初始性能下降程度主要考虑的是系统对冲击的抵御能力，相当于考量系统的鲁棒性；系统恢复时间主要考虑的是系统快速从扰动下恢复的能力，相当于考量系统恢复的快速性（rapidity）。具体公式如下：

$$R(X,T)=\frac{T^*-XT/2}{T^*}=1-\frac{XT}{2T^*}$$

其中，X 为系统初始性能下降值，其取值范围为 $X\in[0,1]$；T 为系统恢复至初始状态的时间，其取值范围为 $T\in[0,T^*]$；T^* 为可接受的恢复时间的上界。

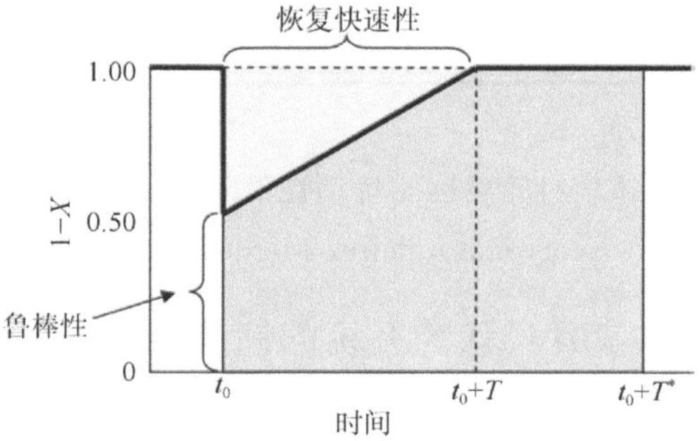

图 5-3　考虑鲁棒性和恢复快速性为最关键因素的韧性度量（Zobel，2011）

Henry 和 Ramirez-Marquez（2012）认为系统的韧性度量应具有较强的时间属性，尤其需要体现出在扰动的不同阶段下系统的状态特征（包括系统在初始阶段、扰动发生、扰动结束、恢复开始、恢复结束等若干阶段的状态），如图 5-4 所示。他们提出的韧性度量指标具有如下数学形式：

$$R(t_r|e_j)=\frac{F(t_r|e_j)-F(t_d|e_j)}{F(t_0)-F(t_d|e_j)}$$

其中，$F(\cdot)$ 可以被认为是系统的性能函数；e_j 为扰动事件；t_r 为设置的开始评估系统韧性的时刻（通常设置在 t_d 和 t_f 之间），t_d 为系统受扰结束的时刻，t_f 为系统恢复到一个稳定状态的时间；t_0 为初始时刻。可以看出，当 $F(t_r|e_j)=F(t_0)$ 时，表示系统性能在 t_r 时刻已恢复至初始状态，此时系统的韧性度量值为 1；而当 $F(t_r|e_j)=F(t_d|e_j)$ 时，表示系统性能在 t_r 时刻完全没有恢复，此时系统的韧性度量值为 0。他们同时用一个简单的交通路网案例展示了该指标的计算过程。Zhang 等（2019a）对上述韧性指标做了部

分调整，并将其应用到了基于用户均衡配流的韧性优化模型上。Zhang 等设计了一个双层规划模型，其底层是交通流分配模型，顶层是交通配置决策模型，通过优化算法最终求得使系统韧性最优的交通配置方式。

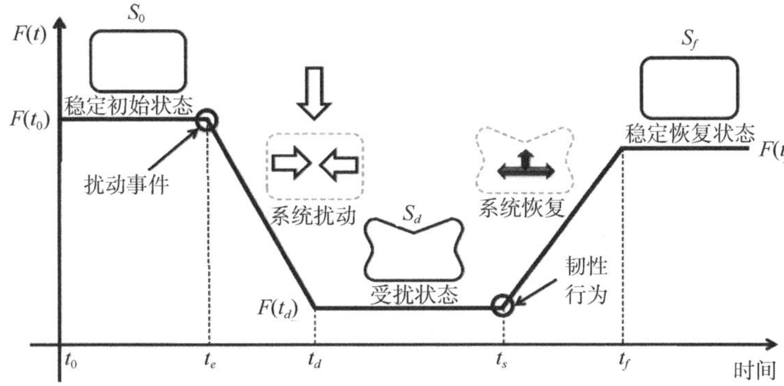

图 5-4　体现时间属性（扰动在不同阶段）的系统韧性度量
（Henry and Ramirez-Marquez，2012）

Francis 和 Bekera（2014）认为系统的韧性需要体现系统对扰动的吸收、适应和恢复速度这三个方面的能力。他们提出了一种复合韧性因子，形式如下：

$$R = S_p \frac{F_r}{F_0} \cdot \frac{F_d}{F_0}$$

其中，S_p 为恢复速度因子；F_r 为采取恢复措施后系统在新的稳定状态下的性能水平；F_d 为系统受扰后的最大性能水平；F_0 为系统的初始性能水平。因此，S_p 表征了系统的恢复能力，F_r/F_0 表征了系统的适应能力，F_d/F_0 表征了系统的吸收能力。以此框架为基础，戢晓峰等（2019）以高速公路为背景提出了高速公路的韧性评估方法，他们提出用运营抗毁性来表征高速公路的吸收能力，用恢复时平均速度较低的路段比例来表征高速公路的适应能力，用恢复后平均速度较高的路段比例来表征高速公路的恢复能力，从以上三个维度来综合评估高速公路韧性。

5.4.2　概率型韧性指标

除了确定型指标，一些学者提出了基于概率的韧性评估方法。例如，Chang 和 Shinozuka（2004）认为系统的韧性可以定义为系统受到扰动后在预定的恢复时间内恢复至预定性能水平的概率，其具体计算公式如下：

$$R = \Pr[(r_0 < r^*) \& (t_1 < t^*)]$$

其中，r^*为扰动发生时系统性能下降的最大可接受值；r_0为扰动发生时的系统实际性能下降值；t^*为系统性能完全恢复所需的恢复时间的最大可接受值；t_1为系统性能完全恢复的实际恢复时间。

Youn 等（2011）认为系统的韧性主要体现在系统的可靠度和恢复度两方面，其中可靠度用被动生存率（passive survival rate）来计算，而恢复度用主动生存率（proactive survival rate）来计算，而系统韧性则表示为这两个值之和，随即提出了"韧性=可靠度+恢复度"的韧性分析框架。

Ouyang 等（2012）提出针对扰动事件频发的系统韧性评估框架，即系统的韧性是系统在每次扰动下的性能变化的期望，其中性能变化程度通过对比系统的实际性能曲线与目标性能曲线来计算，具体公式如下：

$$R = E\left[\frac{\int_0^T P(t)\mathrm{d}t}{\int_0^T \mathrm{TP}(t)\mathrm{d}t}\right]$$

其中，$E[\bullet]$为计算期望值；$P(t)$为系统的实际性能曲线；$\mathrm{TP}(t)$为系统的目标性能曲线；T 为分析的特定时间段。这一度量方法比较适合分析那些在一段时间内频繁遭受相似类型的扰动事件的系统的韧性。

5.4.3　其他交通韧性指标

此外，以特定的交通问题为背景，还有学者从交通的角度提出了更加有针对性的交通韧性分析方法。例如，Ip 和 Wang（2011）提出交通网络中各节点的韧性可以由它通往其他节点的可靠路径数量的加权平均值来计算，而整个交通网络的韧性可由各节点的韧性值的加权和求得。Arcidiacono 等（2012）以交通可达性为性能参数，分析了交通系统在极端事件下的韧性。Freckleton 等（2012）则将模糊推断的方法应用到了对交通韧性的评估当中。Ganin 等（2017）对 20 个城市的交通网络进行分析，以各城市高峰期的人年均时延作为交通效率，用以衡量城市交通性能，以扰动下（5%的道路因拥堵而失效）的交通效率变化值作为城市交通的韧性指标，发现城市交通的效率与韧性并非强相关，因此提出交通韧性管理与交通效率的提高需要不同的思路。虽然这些交通韧性指标各有侧重，但是其共同的局限在于，这些指标都是无量纲的数字型指标，无法体现交通系统中尤其是交通拥堵的时空关联关系。Zhang 等（2019b）基于拥堵时空传播定义了系统韧性，更加立体地反映了城市交通的适应和恢复能力。基于大量交通实证数据，Zhang 等发现城市交通的韧性度量的分布遵循幂律形式，说明不同时空尺度上城市交通可能具有相同的适应规律。

5.5 交通潜力

潜力衡量了系统在给定的条件下能够开发出的潜在效率水平。交通潜力可以刻画一定比例道路拥堵或被破坏时系统保持其功能底线的能力。因此，挖掘交通潜力的前提条件是分析当前条件下交通系统维持功能的运行边界，以及定位限制系统功能水平的关键瓶颈。通过提升关键瓶颈的通行能力，交通运行效率将能够得到有效的提高，从而保障交通系统在一定比例道路发生拥堵或者被破坏时仍能具备可观的健康水平。

可以通过三个方面的要素分析交通潜力，即关键位置、关键路径和临界条件。其中，临界条件可以通过渗流分析确定（Stauffer and Aharony，1994；Bunde and Havlin，1991）。根据渗流理论，系统将在临界条件下发生“有序—无序”的相变，其中“有序”是系统结构和功能相对完整的状态，而“无序”是系统整体性瘫痪的状态。通过对交通流网络的渗流分析，研究（Li et al.，2015）发现全局交通流在临界条件下会分解为若干互不连通的局域交通流区域，标志着交通系统宏观功能连通状态的消失。因此，临界条件可以作为区分系统宏观高性能相和低性能相的运行边界。

开发交通潜力的一个有效途径是提升交通网络中瓶颈路段的通行能力。关键位置和关键路径对于提高交通潜力具有重大作用，因为它们（的提升）能够提供必要的冗余从而帮助交通系统应对突然增加的交通需求。

5.6 交通活性

交通活性用以衡量交通系统运行状态的不确定性。我们通过两种方式来分析交通系统的活性——交通多态和模式切换。交通多态关注交通系统的健康态和亚健康态的分布形式；模式切换用来刻画交通系统在健康态和亚健康态之间的转换方式和转换条件等。

5.6.1　交通多态

进行交通多态分析首先需要确认交通系统在给定的条件下是否存在多态现象。以渗流理论为基础，一方面，以交通流网络的最大连通子团尺寸 G 作为交通健康状态的衡量指标，在设定的控制参量（如拥堵道路比例 f）基础上，分析 G 在一定时期内的演化过程。虽然 G 可能随时间一直变化，但是可以直观地观测 G 是否在某一个或几个值附近取值，即交通状态是否明显地收敛在一个或几个特定健康值附近。另一方面，通过分析不同时刻的 G 随 f 不断变化的渗流过程，将所有时刻的 G-f 渗流曲线绘制成一个相图形式。如果在 G-f 相图中，存在某一个 f 取值范围，G 明显地收敛于若干个特定值附近，则也可观测到交通多态现象。

对于多态分析，其中一个关键点就是确定在宏观尺度上交通网络的稳态数量。以从实证数据中分析得到的 G-f 相图为基础，针对相图中对应可能出现多态的 f 范围内，选择设定的 f^*，计算相图中取值为 f^* 时 G 的分布函数（也可以选取统计 f^* 附近较小范围内的 G 的分布）。如果在该 f^* 下 G 分布存在明显的峰值，则说明在该 f^* 下系统存在稳态。分析不同 f 下的 G 分布，可以确认不同 f 下的峰值数量，也就是网络稳态的数量。除了直接观测峰值数量外，为了进一步确认网络稳态的存在性，还可以采用相应的统计方法来验证。例如，通过采用高斯混合模型来拟合给定 f^* 下的 G 分布函数，然后通过计算对比不同高斯分布组合的拟合优度来确认最佳的高斯混合分布形式，包括高斯分布数量、各高斯分布的参数取值等。其中，拟合优度可以通过计算贝叶斯信息量准则（Bayesian information criterion，BIC）或者赤池信息量准则（Akaike information criterion，AIC）来获得。分析不同高斯混合分布形式对应的 BIC 或 AIC 分数，该分数的取值越小，则说明拟合优度越高。

多态分析的另一个关键点是确定多态出现的临界条件。多态临界条件是表征系统“单态-多态”的边界。其中，单态是只存在一个网络稳态的相图区域，多态是存在两个及以上网络稳态的区域。研究发现（Zeng et al., 2020），交通多态的“单态-多态”边界有两类，这两类边界把 G-f 相图分为三个区域。考虑到在交通渗流过程中随着 f 的增加，G 呈现出递减的趋势，上述三个区域可以分别被命名为全局功能区域、亚稳态区域（即多态存在的区域）、全局失效区域。全局功能区域是一个单态区域，代表了交通宏观健康态势较好的状态区域，表现为 G 的取值整体较大；相反，全局失效区域是一个代表交通宏观健康态势较差的单态区域，表现为 G 的取值整体较小，甚至接近于 0；而亚稳态区域是出现多态现象的区域，即交通系统存在两个以上网络稳态的区域。从交通管理的角度来看，区分全局功能区域和亚稳态区域的临界点标志着系统全局性级联失效风险出现的临界条件，是早期拥堵风险的预警线；而一旦越过亚稳态区域和全局失效区域的临界点，系统恢复将变得极为困难，因此该临界点是最大规模拥堵的警戒线。

5.6.2 模式切换

从交通的宏观尺度上来看，模式切换可以描述一段时间内交通流在低维异质状态和高维均质状态之间不断切换的过程。不同维度的系统往往具备不同的网络结构特征，其渗流过程也有着明显的区别（Stauffer and Aharony，1994；Bunde and Havlin，1991），尤其是在渗流临界阈值处的系统临界行为方面。由于系统的临界点标志着系统从全局功能连通到全局失效的相变条件，因此，不同的渗流临界行为也意味着系统具有不同的失效模式。例如，在随机扰动过程中，对于指数型网络（网络的度分布函数为指数形式），随着失效单元的增加，网络会分裂成各类大小的小子团；对于幂律型网络（网络的度分布函数为幂律形式），随着失效单元的增加，网络总会保持一个较大的子团。我们可以进一步根据临界点附近的标度行为来刻画系统的这些临界行为特征，这一标度行为可以用临界渗流指数来表征。例如，通过分析子团尺寸指数，研究发现（Zeng et al.，2019）承载不同时期交通流的同一交通网络具有两种不同的渗流临界模式。其中一种模式出现在工作日非高峰期以及休息日中，组织特点类似高维渗流，整个城市交通流组织均匀，不同层次具有较好的衔接；而在工作日的高峰期，其组织特点接近经典的二维渗流，城市交通被“降维”，导致交通资源的配置被割裂，模块化明显，模块之间的通行能力大幅下降。通常一个网络只会对应一种渗流模式，而从实际交通数据中挖掘的这两类模式区分明显，表现为渗流过程的两种普适类（Cohen and Havlin，2010；Barzel and Barabási，2013）。这两类不同的渗流临界模式也确定了两类典型的交通失效模式。

在确定了交通系统的宏观模式类型之后，需要进一步分析系统的不同失效模式之间的切换条件是什么。基于实证运行数据，我们（Zeng et al., 2019）进一步挖掘交通渗流的模式切换的原因，发现北京、深圳这类超大城市的市内“快速”路段具有较强的调控效果，少量地疏解这些“快速”路段，就有可能使城市的交通组织从不均匀的低维模块化向均匀的高维状态转化，以提高路网的通行能力。

参考文献

陈艳艳，梁颖，杜华兵. 2003. 可靠度在路网运营状态评价中的应用. 土木工程学报，(1)：36-40.

戢晓峰，谢军，伍景琼. 2019. 考虑不同侵扰场景的高速公路韧性评估方法. 中国安全生产科学技术，15（1）：12-19.

梁颖，陈艳艳，任福田. 2007. 不同交通供需分布下的路网畅通可靠度变化规律研究. 公路交通科技，（8）：103-109.

刘海旭，蒲云. 2004. 基于路段走行时间可靠性的路网容量可靠性. 西南交通大学学报，5：573-576.

谭跃进，吴俊，邓宏钟. 2011. 复杂网络抗毁性研究进展. 上海理工大学学报，33（6）：508，653-668.

唐夕茹，陈艳艳，段卫静. 2011. 城市路网畅通可靠度计算方法及其应用. 城市交通，9(2)：40-46.

汪涛，吴琳丽. 2010. 基于复杂网络的城市公交网络抗毁性分析. 计算机应用研究，27(11)：4084-4086.

熊志华，姚智胜，邵春福. 2004. 基于路段相关的路网行程时间可靠性. 中国安全科学学报，（10）：81-84.

徐佩佩，邵春福. 2016. 城市公共交通网络 RLP 建模及复杂性分析. 武汉理工大学学报（交通科学与工程版），40（2）：321-325.

许良，高自友. 2006. 基于路段能力可靠性的城市交通网络设计. 中国公路学报，（2）：86-90.

许良，高自友. 2008. 基于出行时间可靠性的城市交通网络设计. 系统仿真学报，（2）：494-498.

杨露萍，钱大琳. 2012. 道路交通网络脆弱性研究. 交通运输系统工程与信息，12（1）：105-110.

叶青. 2012. 基于复杂网络理论的轨道交通网络脆弱性分析. 中国安全科学学报，22（2）：122-126.

张玺. 2017. 基于网络效率的日变路网脆弱性识别方法. 交通运输系统工程与信息，17(2)：176-182.

Achlioptas D，D’Souza R M，Spencer J. 2009. Explosive percolation in random networks.

Science, 323 (5920): 1453-1455.

Arcidiacono V, Cimellaro G P, Reinhorn A M, et al. 2012. Community resilience evaluation including interdependencies. 15th World Conference on Earthquake Engineering (15WCEE).

Asakura Y, Kashiwadani M. 1991. Road network reliability caused by daily fluctuation of traffic flow. 19th PTRC Summer Annual Meeting.

Barzel B, Barabási A L. 2013. Universality in network dynamics. Nature Physics, 9 (10): 673-681.

Berdica K. 2002. An introduction to road vulnerability: what has been done, is done and should be done. Transport Policy, 9 (2): 117-127.

Bruneau M, Chang S E, Eguchi R T, et al. 2003. A framework to quantitatively assess and enhance the seismic resilience of communities. Earthquake Spectra, 19 (4): 733-752.

Bunde A, Havlin S. 1991. Fractals and Disordered Systems. Berlin: Springer.

Carrion C, Levinson D. 2012. Value of travel time reliability: a review of current evidence. Transportation Research Part A: Policy and Practice, 46 (4): 720-741.

Chang S E, Shinozuka M. 2004. Measuring improvements in the disaster resilience of communities. Earthquake Spectra, 20 (3): 739-755.

Chen A, Yang C, Kongsomsaksakul S, et al. 2007. Network-based accessibility measures for vulnerability analysis of degradable transportation networks. Networks and Spatial Economics, 7 (3): 241-256.

Chen A, Yang H J, Lo H K, et al. 1999. A capacity related reliability for transportation networks. Journal of Advanced Transportation, 33 (2): 183-200.

Chen X M, Shao C F, Li D, et al. 2009. Capacity reliability of signalized intersections with mixed traffic conditions. Tsinghua Science and Technology, 14 (3): 333-340.

Clark S, Watling D. 2005. Modelling network travel time reliability under stochastic demand. Transportation Research Part B: Methodological, 39 (2): 119-140.

Cohen R, Havlin S. 2010. Complex Networks: Structure, Robustness and Function. Cambridge: Cambridge University Press.

Connors R D, Watling D P. 2015. Assessing the demand vulnerability of equilibrium traffic networks via network aggregation. Networks and Spatial Economics, 15 (2): 367-395.

Cox A, Prager F, Rose A. 2011. Transportation security and the role of resilience: a foundation for operational metrics. Transport Policy, 18 (2): 307-317.

Francis R, Bekera B. 2014. A metric and frameworks for resilience analysis of engineered and infrastructure systems. Reliability Engineering & System Safety, 121: 90-103.

Freckleton D, Heaslip K, Louisell W, et al. 2012. Evaluation of resiliency of transportation networks after disasters. Transportation Research Record: Journal of the Transportation Research Board, 2284 (1): 109-116.

Ganin A A, Kitsak M, Marchese D, et al. 2017. Resilience and efficiency in transportation networks. Science Advances, 3 (12): e1701079.

Guo S M，Wu R Q，Tong Q F，et al. 2018. Is city traffic damaged by torrential rain?. Physica A：Statistical Mechanics and its Applications，503：1073-1080.

Henry D，Ramirez-Marquez J E. 2012. Generic metrics and quantitative approaches for system resilience as a function of time. Reliability Engineering & System Safety，99：114-122.

Holling C S. 1973. Resilience and stability of ecological systems. Annual Review of Ecology and Systematics，4（1）：1-23.

Ip W H，Wang D W. 2011. Resilience and friability of transportation networks：evaluation，analysis and optimization. IEEE Systems Journal，5（2）：189-198.

Jenelius E，Petersen T，Mattsson L G. 2006. Importance and exposure in road network vulnerability analysis. Transportation Research Part A：Policy and Practice，40（7）：537-560.

Kim S，Yeo H. 2016. A flow-based vulnerability measure for the resilience of urban road network. Procedia-Social and Behavioral Sciences，218：13-23.

Lam W H K，Shao H，Sumalee A. 2008. Modeling impacts of adverse weather conditions on a road network with uncertainties in demand and supply. Transportation Research Part B：Methodological，42（10）：890-910.

Lam W H K，Xu G. 1999. A traffic flow simulator for network reliability assessment. Journal of Advanced Transportation，33（2）：159-182.

Latora V，Marchiori M. 2002. Is the Boston subway a small-world network?. Physica A：Statistical Mechanics and its Applications，314：109-113.

Li D Q，Fu B W，Wang Y P，et al. 2015. Percolation transition in dynamical traffic network with evolving critical bottlenecks. Proceedings of the National Academy of Sciences of the United States of America，112（3）：669-672.

Lo H K，Tung Y K. 2003. Network with degradable links：capacity analysis and design. Transportation Research Part B：Methodological，37（4）：345-363.

Mine H，Kawai H. 1982. Mathematics for Reliability Analysis. Tokyo：Asakura-Shoten.

Morone F，Makse H A. 2015. Influence maximization in complex networks through optimal percolation. Nature，524（7563）：65-68.

Ouyang M，Dueñas-Osorio L，Min X. 2012. A three-stage resilience analysis framework for urban infrastructure systems. Structural Safety，36/37：23-31.

Rose A. 2007. Economic resilience to natural and man-made disasters：multidisciplinary origins and contextual dimensions. Environmental Hazards，7（4）：383-398.

Shi J Q，Chen L W，Qiao F X，et al. 2020. Simulation and analysis of the carrying capacity for road networks using a grid-based approach. Journal of Traffic and Transportation Engineering，7（4）：498-506.

Stauffer D，Aharony A. 1994. Introduction to Percolation Theory. 2nd ed. London：CRC Press.

Taylor M A P，Sekhar S V C，D'Este G M. 2006. Application of accessibility based methods for vulnerability analysis of strategic road networks. Networks and Spatial Economics，6（3/4）：267-291.

Xiong Z, Shao C, Yao Z. 2009. Fuzzy travel time reliability with uncertainty. IEEE Sixth International Conference on Fuzzy Systems and Knowledge Discovery.

Youn B D, Hu C, Wang P F. 2011. Resilience-driven system design of complex engineered systems. Journal of Mechanical Design, 133 (10): 101011.

Zeng G W, Gao J X, Shekhtman L, et al. 2020. Multiple metastable network states in urban traffic. Proceedings of the National Academy of Sciences of the United States of America, 117 (30): 17528-17534.

Zeng G W, Li D Q, Guo S M, et al. 2019. Switch between critical percolation modes in city traffic dynamics. Proceedings of the National Academy of Sciences of the United States of America, 116 (1): 23-28.

Zhang L M, Zeng G W, Li D Q, et al. 2019b. Scale-free resilience of real traffic jams. Proceedings of the National Academy of Sciences of the United States of America, 116 (18): 8673-8678.

Zhang X, Mahadevan S, Goebel K. 2019a. Network reconfiguration for increasing transportation system resilience under extreme events. Risk Analysis, 39(9): 2054-2075.

Zobel C W. 2011. Representing perceived tradeoffs in defining disaster resilience. Decision Support Systems, 50 (2): 394-403.

第 6 章　交通健康管理框架

6.1　核心故障机理

从系统可靠性的角度来看，交通拥堵可以看成是交通系统的一种失效形式。因此，研究交通系统的核心故障机理就涉及分析交通拥堵的时空传播行为。具体而言，交通拥堵的时空传播过程包括拥堵产生、拥堵演化和拥堵消散三个阶段。

6.1.1　拥堵产生

在拥堵产生阶段，我们主要关注交通拥堵的产生条件或拥堵产生的特点。已有研究对路段尺度的拥堵产生关注较多，例如 Daganzo（2002）分析了排队与换道现象导致道路拥堵的行为特征等。不过，仍然较少涉及网络尺度的拥堵产生规律。网络尺度的拥堵往往是由于网络中某些道路单元的性能波动触发，并借由各道路单元之间的结构或功能的内在联系而扩散，最终引发整体性拥塞。这个过程可以看成是路网从高性能态向低性能态转变的相变现象。

基于渗流理论，我们可以按照如下步骤来分析网络层级的渗流相变的特点。首先，建立动态交通流网络模型。这一模型是基于道路交通网络的拓扑结构属性，以及其承载交通流的动态运行数据而确定的。其次，分析上述网络模型的渗流过程。通过分析设定的交通网络序参量（表征交通网络的宏观性能状态）和控制参量（如速度阈值等）的变化关系，得到不同控制参量取值下交通网络的性能水平曲线。最后，确定渗流临界阈值。基于上一步骤得到的性能水平曲线，确定其中交通性能水平急速下降时对应的控制参量的值，将其作为渗流临界阈值。这一渗流临界阈值可以被认为是交通网络健康运行的边界，同时也是网络层级拥堵产生的临界点。

6.1.2 拥堵演化

在拥堵演化的过程中，最值得关注的问题是，部分区域若干道路的拥堵是会演化成大规模的交通拥塞，还是仅仅只会导致短时间、小范围的运行水平下降？考虑到交通网络中各路段之间的相关性，我们可以采用级联传播模型来分析全局性拥堵产生的可能性。

具体而言，我们可以通过交通网络内部的静态相关性或是动态相关性来建立交通网络的级联关系。在静态相关性方面，可以通过交通网络中不同拥堵位置之间的空间相关性来进行分析。已有研究（Li et al.，2014）通过分析交通网络中不同拥堵地点之间的相关性,发现随着地理距离的增加，不同拥堵位置之间的空间相关性呈缓慢下降的趋势。同时，这些拥堵位置的空间相关长度在交通高峰时段会明显增加，验证了相比于平峰时段，高峰时段的拥堵扩散能力更强。在动态相关性方面，交通网络是一个典型的空间嵌入式网络，所以其网络属性受到所在物理空间的限制。因此，已有研究（Zhao et al.，2016）分析了空间嵌入网络模型上的级联失效过程，从而为交通网络中的拥堵扩散提供了参考。从一个典型的空间嵌入方格网络出发，给该网络施加一个初始失效，由于其初始负载的平衡被打破，失效单元的负载被迫向周围的邻居单元转移，又进一步打破了邻居单元的负载平衡，导致了邻居单元的过载，并进一步将过载流量向下一级邻居单元扩散，引发级联失效。研究发现在这一级联失效过程中，过载失效的传播速度是一个恒定值；并且在不同类型的网络中，该值的大小相近。这一发现将能够帮助挖掘交通拥堵演化过程中的一些普适特征。

6.1.3 拥堵消散

拥堵消散的研究与交通系统的韧性研究具有一定的相关性。交通韧性关注的是交通系统适应扰动并从中恢复到功能状态的能力。拥堵可以理解成交通系统中的一种性能扰动，因而拥堵的消散表明交通系统从性能扰动中恢复到了初始的功能状态。

因此，为分析拥堵消散行为的特点，需要对交通韧性恢复过程进行深入研究，而确定合适的韧性指标是重要前提。经典的交通韧性研究方法主要关注平均旅行时间、平均行驶速度等非空间指标在拥堵传播过程中的变化，从而分析交通系统在拥堵扰动发生前后的性能变化。上述非空间指标的局限性在于仅从统计角度分析了交通性能波动，而忽略了交通网络中拥堵的时空相关性等信息。鉴于此，我们提出了一种基于拥堵时空子团的交通韧性定义（Zhang et al.，2019），该定义考虑了拥堵路段单元之间的时空联系，可以从时空角度挖掘交通系统的适应能力和恢复能力。结合不同城市的交通运行数据，我们发现拥堵时空子团的规模呈现出典型的幂律分布特征，并且不同城市的幂律分布指数相近，这揭示了在不同交通场景下，交通系统可能表现出一种普适的适应性规律，从而为交通韧性调控提供新的思路。

6.2 交通健康建模

早期交通流建模方法主要集中在道路层级（主要是高速公路上）的交通流建模与仿真。这些建模方法既有宏观层面的（Lighthill and Whitham，1955；Richards，1956；Herman et al.，1972），也有微观层面的（Newell，1961；Nagel and Schreckenberg，1992）。相比于一维的道路交通流建模，二维道路网络交通流的复杂程度急剧增加。也正因为如此，上述道路层级的建模方法可能不足以描述路网尺度的复杂交通现象。结合二维城市道路交通系统的网络结构和功能属性，可以从结构网络、流网络、相关网络和故障网络等四个方面对城市交通流进行建模。不同建模方法的示例如图 6-1 所示。

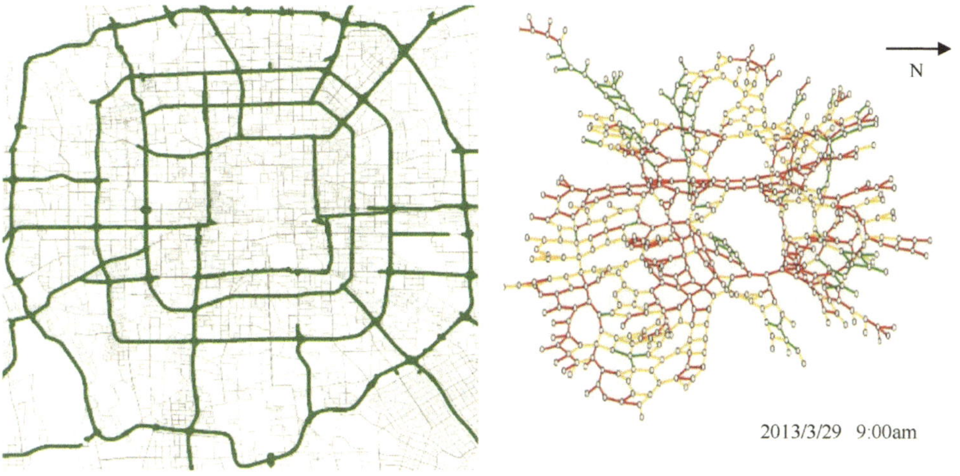

（a）结构网络　　（b）流网络（Li et al.，2015）

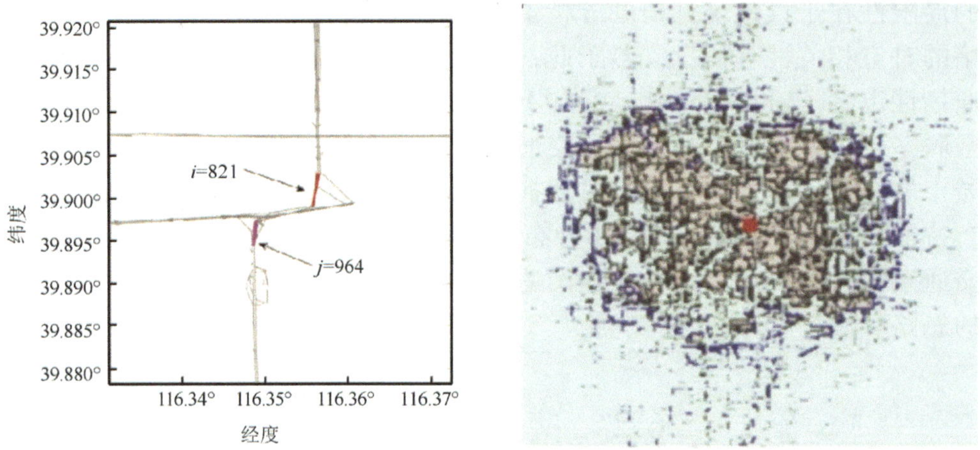

（c）相关网络（Guo et al.，2019）　　（d）故障网络（Zhao et al.，2016）

图 6-1　不同的网络建模方法示例

图（a）中绿色代表高速公路，灰色代表一般道路；图（b）中绿、黄、红分别代表畅通、缓行、拥堵路段；图（c）中 i 和 j 分别对应红色路段与紫色路段的编号；图（d）中红色代表初始失效节点，深蓝色代表当前时刻的失效节点，黑色代表当前时刻之前失效的节点，青色代表功能节点，白色代表因周围节点失效而脱离网络的节点

6.2.1　结构网络

城市道路交通系统天然就具有一个网络结构，这也有助于我们从结构方面建立相对应的网络模型。通常而言，城市道路交通系统中的各个路口可以被抽象为网络模型中的节点，而各个路段可以被抽象为网络模型中的边。然后，依据道路交通系统中路段与路口的相邻关系，构建网络模型中各节点和边的连接关系。同时，考虑到道路往往具有特定的行驶方向，上述网络模型应当是一个有向网络，即网络中的所有边具有方向性。另外，考虑到城市道路通常会被划分为不同的等级，而不同等级的道路往往具有不同的车道数、设计速度等属性，因而承担着不同的功能。为了体现出这些区别，在构建网络模型时，可以给不同的边设置不同的权重（Wu et al.，2006）。除了上述结构网络的建模方法，还有一种建模方式是将道路系统中的路口抽象为边，而将路段抽象为节点，这种方法被称为道路网络的“对偶表示”（dual representation）（Añez et al.，1996）。

道路网络是一个典型的空间网络（spatial network）（Barthélemy，2011；Porta et al.，2006）——它嵌入有限的二维空间里，也因此它的部分网络属性会受到物理空间的限制。显然，当空间网络中的每个节点仅仅与其最近邻居节点连接时，网络的维度和其所嵌入的空间维度是相等的；然而，由于长程连接的存在，网络的维度可能发生改变（Li et al.，2011）。例如，已有研究发现，在交通路网中，城市快速路就可以扮演长程连接的角色。

城市交通路网的结构特征将会显著影响其系统性质。已有研究发现，网络可靠性的高低与其拓扑结构息息相关。例如，相比于 ER 随机网络（Erdös and Rényi，1959），无标度网络在应对随机失效时更鲁棒，而在应对蓄意攻击时则显得十分脆弱（Albert et al.，2000；Cohen et al.，2000，2001）。

6.2.2　流网络

交通流是由底层道路网络所承载和约束的。因此，交通流网络的“形状”与底层道路网络的拓扑是一致的。另外，所建立的交通流网络也要能够反映交通系统的速度、车流量等动态运行特征。从网络的角度来看，流网络建模主要用于分析交通流的组织过程。以渗流方法为基础，建立交通渗流（Li et al.，2015）模型，可以分析交通流从局域流通状态组织成为全局流通状态的过程。渗流分析可以揭示宏观交通状态（作为系统序参量）与拥堵率、速度阈值等（作为系统控制参量）之间的变化关系。特别是，在这一渗流过程中，存在某一个控制参量的值，该值表征系统宏观健康状态的序参量发生突变。这个系统状态发生健康—非健康相变所对应的控制参量的值也可以当作系统健康的早期预警信号。相比于之前的基于用户角度的交通可靠性分析，基于渗流分析的交通建模分析方法提供了从网络角度分析和评估交通流网络功能连通性的新视角。

6.2.3　相关网络

结构网络和流网络都是基于交通系统中各单元实体（如静态的路段或者动态的流）之间实际存在的物理联系所构建的。另外，由于系统动力学因素，交通网络中一些相距较远的地点之间可能也存在依赖性。基于实时交通运行数据，我们提出了一种构建城市交通流相关网络的新方法（Guo et al.，2019）。具体而言，对于网络中的每一对路段，我们根据其一天中的速度时间序列信息，定义一种归一化的最大交叉相关系数作为（两个路段）

连边的强度（即边权重）。之后，我们对以这种方式构建的加权网络进行研究，分析它的一些统计性质。我们通过两类测度来确定路网中影响力最大的位置，分别是加权度和影响距离。一个路段的加权度或者影响距离越大，则其对于相关网络（中其他节点和边）所施加的影响就越大。相关网络的建模方法提供了一种评估不同局域交通流之间相互作用关系的新角度，有助于启发人们对交通流预测和调控方法的研究。

6.2.4 故障网络

级联失效的动态传播过程是一个热门研究话题。疾病传播模型是一个基本的传播模型，用于分析疾病在个体之间扩散的动态感染过程。相比于疾病传播这种由直接接触方式引发的传播，级联过载可以通过潜在的功能依赖性进行传播。对于城市交通系统，我们采用级联失效模型来构建故障网络，并且分析其级联过载失效的传播特征。基于理论和数值分析结果，我们发现（级联）失效从初始故障中心位置向四周呈圆形扩散，并且其扩散的速度是一个恒定值（Zhao et al.，2016）。此外，我们通过将不同动力学方式引入级联传播过程，从而测试系统应对不同类型扰动的鲁棒性。将我们的研究发现代入这些新类型的动力学模型后，系统的相变类型将由二阶相变转变为一阶相变（Duan et al.，2019）。这一结果表明网络中的级联过程可能表现出一些普适的行为特征。这一发现也可为设计和建造可靠的网络系统提供参考。

6.3 交通健康评估

交通健康评估的核心在于研究系统是如何偏离其健康运行的状态的。因此，我们提出交通健康评估可以依照如下步骤展开：①研究系统健康的模式特征，这是健康评估的基础；②评价当前系统状态偏离健康标准的程度如何；③分析系统偏离健康状态背后的原因是什么。

6.3.1 健康画像

现有的交通健康指标大多基于对道路层级的交通性能的统计，例如平均速度、平均旅行时延、平均拥堵里程等。这些统计性的“数式”指标往往没有考虑交通网络中各基本要素之间的功能或拥堵耦合关联。相反，基于网络属性的系统表达，例如前述的四类交通健康建模方法，能够充分利用这些关联关系，形成（交通健康的）“图式”指标。

确定交通健康指标之后，下一步分析当扰动发生时系统健康状态的变化。这一步可以通过对实时交通运行数据进行分析，也可以通过模型仿真的方式来分析。实施这一步骤的目的就是发现交通系统的健康状态是否存在某种特定的模式。一旦观察到交通健康指标呈现出某种特定的模式特征，接下来的重点就是确认是否存在物理模型或者数学模型能够准确地刻画和分析这些交通健康模式。例如，以路网中的高速边组成的最大连通子团尺寸作为健康测度，我们从实证数据中观测到交通系统在一段时期内呈现出多个网络稳态（Zeng et al.，2020），这些稳态模式可作为对交通系统运行模式的一种健康画像。特别地，通过分析最大子团尺寸 G 和网络拥堵率 f 之间的变化关系，我们发现了 G-f 函数存在全局功能区域、亚稳态区域和全局失效区域三个区域，这三个区域由两个临界点划分。这其中，全局功能区域和亚稳态区域中的高性能态部分可以认为是交通健康的标准线。

6.3.2　健康监测

以交通健康画像中得到的交通健康标准为基础，交通健康监测旨在估计当前交通状态是否健康以及（如果不健康）其偏离健康状态的“距离”。监测的方法可以分成模型驱动的和数据驱动的两类。

对于模型驱动的方法，首先需要根据特定的交通健康模式进行模型定义。这样，我们通过对比实时交通状态和标准模型，就能够评价当前交通状态健康与否。例如，基于渗流分析，我们可以对实证交通运行数据进行数值分析，并获取 G-f 曲线来表征当前的交通状态。如果该 G-f 曲线的形状与（模型确定的）标准曲线接近，说明当前时刻交通系统平稳运行；否则，说明当前交通系统是不健康的。

对于数据驱动的方法，首先可以基于大数据技术和机器学习方法对交通网络的状态进行分类。最简单的分类方式莫过于将宏观交通健康状态分为健康和非健康两类。而交通健康状态的分类器可以通过机器学习训练得到，监督学习和非监督学习这两类经典的方法可以完成这个目标。这两类方法的应用背景的区别在于学习训练过程中可否设置准确的标签来标识交通健康状态（即健康或非健康）。

6.3.3 健康推理

一旦判定当前交通系统处于非健康的状态，下一步的工作就是开展交通健康推理。交通健康推理可以进一步解释支持监测评价结果的证据，同时也可以为未来交通规划或者交通管理提供目标。交通系统的宏观非健康状态往往可以归因到道路层级的异常，而交通健康推理的目的也是对交通网络中这些异常道路进行隔离或者将其定位出来。为了确定那些具有较大影响力的道路，即那些频繁拥堵会导致大规模拥堵和使路网性能显著降级的道路，可以采用因果推断的方法来分析交通整体健康状态和具体道路的拥堵频率之间的因果联系。通常而言，现有的许多因果推断工具都可以用来解决这类问题，包括格兰杰因果检验法（Granger，1969）、贝叶斯归因法（Chickering，2002）、结构归因模型（Peters et al.，2017）等。

6.4 交通健康诊断

如果说交通健康评估侧重于健康的角度，那么交通健康诊断则侧重于故障的角度（来诠释交通健康问题）。相比较而言，交通健康评估是从全局角度来评价交通是健康或是不健康的，而交通健康诊断关注对局域层级故障的深入理解。

城市拥堵的成因是极其复杂的，包括路网结构不合理、交通组织过程不通畅、交通事故等导致的应急事件处理不及时等。对交通拥堵的准确诊断可以增进我们对不同管理要素的理解，从而制订系统的健康管理计划。然而，交通系统中也存在不同时空尺度的复杂功能耦合关系。传统的故障诊断主要依赖专家经验或数学统计模型，难以处理未知的故障关联或因果关系。通过挖掘海量交通数据，结合机器学习方法，研究交通拥堵的语义规则而构建城市交通健康诊断理论，是提升城市交通健康管理水平的关键。

健康推理侧重于确定宏观健康状态和区域拥堵之间的因果关系，而健康诊断则侧重于确定区域拥堵和不同管理要素之间的因果关系。具体而言，可以将拥堵归结为结构或运行方面的原因（Cao et al.，2021）。结构方面的原因往往是当前路网拓扑结构不合理，可以通过分析网络的拓扑特征（如介数中心性、接近度中心性等）得出。这类问题可以通过交通规划或交通设计等方式解决。运行方面的原因则可以归结为交通资源的供需失衡（Zheng et al.，2021），往往表现为短时间内的交通流剧增。这类问题可以通过恰当的交通诱导或交通调控手段来缓解。

6.5　交通健康提升

已有交通管理的目标通常关注的是交通效率的提升或交通可靠性的增强。这也意味着大多现有的改善交通的方法是单独考虑效率导向或者可靠性导向；然而，交通健康应该是这些目标（效率和可靠性等）的综合平衡。不过，平衡各类交通管理目标本身就是一个巨大的挑战。实现不同管理要素之间的平衡，关键在于理解交通系统的核心故障机理。基于上文提出的交通健康指标体系，我们构想了健康导向、综合考虑各类交通要素的交通提升方法。

以提升交通潜力为目标，可以对关键道路或者关键路径进行结构优化。网络设计问题（network design problem，NDP）（Yang and Bell，1998）是交通规划领域中具有挑战性的一个研究方向。对网络设计问题进行建模和求解，可以有效解决道路网络的新路修建或旧路改善优先级等问题。通过合适的策略对关键道路或关键路径进行拓宽或升级，能够持续提升交通系统的远期健康目标。此外，对基于结构方面的交通健康诊断结果进行优化，也能够有效提升结构健康水平。针对拥堵产生的不同因果关系，我们可以采取公交站配置（Ibeas et al.，2010）等方式来提升交通健康水平。

另外，以提升交通活性为目标，首先确定影响交通多态和模式切换的关键因素，例如保持畅通的城市快速路（Zeng et al.，2019），然后通过一定的管理措施如交通控制（Papageorgiou et al，2003）、交通诱导（Liang and Wakahara，2014）、交通排程（Zhou et al.，2020）、交通定价（Yang and Huang，2005；Yang and Wang，2011）等，对这些关键因素进行优化，从而保持交通系统的高活性。此外，可以基于运行层面的健康诊断结果，开展针对性的交通运行健康优化。同时，考虑到突发事件或极端天气等应急场景，我们也需要关注如何对已失效的路段进行快速恢复，从而使交通系统远离其多态分界点。

参 考 文 献

Albert R, Jeong H, Barabási A L. 2000. Error and attack tolerance of complex networks. Nature, 406 (6794) : 378-382.

Añez J, de la Barra T, Pérez B. 1996. Dual graph representation of transport networks. Transportation Research Part B: Methodological, 30 (3) : 209-216.

Barthélemy M. 2011. Spatial networks. Physics Reports, 499: 1-101.

Cao D N, Wu J J, Dong X L, et al. 2021. Quantification of the impact of traffic incidents on speed reduction: a causal inference based approach. Accident Analysis & Prevention, 157: 106163.

Chickering D M. 2002. Learning equivalence classes of Bayesian-network structures. The Journal of Machine Learning Research, 2: 445-498.

Cohen R, Erez K, ben-Avraham D, et al. 2000. Resilience of the Internet to random breakdowns. Physical Review Letters, 85 (21) : 4626-4628.

Cohen R, Erez K, ben-Avraham D, et al. 2001. Breakdown of the Internet under intentional attack. Physical Review Letters, 86 (16) : 3682-3685.

Daganzo C F. 2002. A behavioral theory of multi-lane traffic flow. Part Ⅱ: Merges and the onset of congestion. Transportation Research Part B: Methodological, 36 (2) : 159-169.

Duan D L, Lv C C, Si S B, et al. 2019. Universal behavior of cascading failures in interdependent networks. Proceedings of the National Academy of Sciences of the United States of America, 116 (45) : 22452-22457.

Erdös P, Rényi A. 1959. On random graphs Ⅰ. Publicationes Mathematicae (Debrecen), 6: 290-297.

Granger C W J. 1969. Investigating causal relations by econometric models and cross-spectral methods. Econometrica, 37 (3) : 424-438.

Guo S M, Zhou D, Fan J F, et al. 2019. Identifying the most influential roads based on traffic correlation networks. EPJ Data Science, 8 (1) : 1-17.

Herman R, Lam T, Prigogine I. 1972. Kinetic theory of vehicular traffic: comparison with data. Transportation Science, 6 (4) : 440-452.

Ibeas Á, dell'Olio L, Alonso B, et al. 2010. Optimizing bus stop spacing in urban areas. Transportation Research Part E: Logistics and Transportation Review, 46 (3) : 446-458.

Li D Q, Fu B W, Wang Y P, et al. 2015. Percolation transition in dynamical traffic network with evolving critical bottlenecks. Proceedings of the National Academy of Sciences of the United States of America, 112 (3) : 669-672.

Li D Q, Kosmidis K, Bunde A, et al. 2011. Dimension of spatially embedded networks. Nature

Physics，7（6）：481-484.

Li D Q，Jiang Y N，Kang R，et al. 2014. Spatial correlation analysis of cascading failures：congestions and blackouts. Scientific Reports，4（1）：1-6.

Liang Z L，Wakahara Y. 2014. Real-time urban traffic amount prediction models for dynamic route guidance systems. EURASIP Journal on Wireless Communications and Networking，85：1-13.

Lighthill M J，Whitham G B. 1955. On kinematic waves. Ⅰ. flood movement in long rivers. Proceedings of the Royal Society of London. Series A，Mathematical and Physical Sciences，229（1178）：281-316.

Nagel K，Schreckenberg M. 1992. A cellular automaton model for freeway traffic. Journal de Physique Ⅰ，2（12）：2221-2229.

Newell G F. 1961. Nonlinear effects in the dynamics of car following. Operations Research，9（2）：209-229.

Papageorgiou M，Diakaki C，Dinopoulou V，et al. 2003. Review of road traffic control strategies. Proceedings of the IEEE，91（12）：2043-2067.

Peters J，Janzing D，Schölkopf B. 2017. Elements of Causal Inference：Foundations and Learning Algorithms. Cambridge：The MIT Press.

Porta S，Crucitti P，Latora V. 2006. Centrality measures in spatial networks of urban streets. Physical Review E，73（3）：036125.

Richards P I. 1956. Shock waves on the highway. Operations Research，4（1）：42-51.

Wu J J，Gao Z Y，Sun H J，et al. 2006. Congestion in different topologies of traffic networks. Europhysics Letters，74（3）：560.

Yang H，Bell M G H. 1998. Models and algorithms for road network design：a review and some new developments. Transport Reviews，18（3）：257-278.

Yang H，Huang H J. 2005. Mathematical and Economic Theory of Road Pricing. Oxford：Elsevier.

Yang H，Wang X L. 2011. Managing network mobility with tradable credits. Transportation Research Part B：Methodological，45（3）：580-594.

Zeng G W，Gao J X，Shekhtman L，et al. 2020. Multiple metastable network states in urban traffic. Proceedings of the National Academy of Sciences of the United States of America，117（30）：17528-17534.

Zeng G W，Li D Q，Guo S M，et al. 2019. Switch between critical percolation modes in city traffic dynamics. Proceedings of the National Academy of Sciences of the United States of America，116（1）：23-28.

Zhang L M，Zeng G W，Li D Q，et al. 2019. Scale-free resilience of real traffic jams. Proceedings of the National Academy of Sciences of the United States of America，116

（18）：8673-8678.

Zhao J C, Li D Q, Sanhedrai H, et al. 2016. Spatio-temporal propagation of cascading overload failures in spatially embedded networks. Nature Communications，7（1）：1-6.

Zheng Z G，Chen Y F，Zhu D B，et al. 2021. Extreme unbalanced mobility network in bike sharing system. Physica A：Statistical Mechanics and its Applications，563：125444.

Zhou L，Yang X，Wang H，et al. 2020. A robust train timetable optimization approach for reducing the number of waiting passengers in metro systems. Physica A：Statistical Mechanics and its Applications，558：124927.

第 7 章　结论与展望

布雷斯悖论告诉我们，提升特定道路的通行能力（包括新建道路等措施）有时候反而可能造成网络中全局交通流的降速（表现为旅行时间的增加等），这是由交通网络中出行者的复杂博弈行为导致的。平衡不同管理目标，建立综合性的交通管理框架是十分必要的。系统健康作为衡量系统适应不确定环境的能力指标体系，可能为交通管理提供不同的策略导向。系统健康管理的目的正是提高系统在整个运行周期内的可用性和韧性。

考虑到交通健康管理的复杂性，亟须以宏观交通状态为侧重的系统性方法进行指导。作为统计物理、数学、网络科学等多个学科交叉的产物，渗流理论为我们分析局域交通流如何汇聚成为全局交通流的组织过程提供了一个强有力的工具。基于渗流分析，我们能够揭示出宏观交通状态（作为序参量）和拥堵率（以及速度阈值等控制参量）间的变化关系。经典交通可靠性研究多从用户角度分析，而基于渗流的方法则尝试从网络的角度来评估和提升交通系统的功能连通性。同时，相比于现有的大多数“数式”可靠性指标，渗流方法提供了一种基于“图式”分析的思路，相应的指标能够充分将交通系统中的潜在相互作用方式考虑到系统动力学过程中。

随着城市化的发展，与日俱增的交通需求以及多种交通模式的复杂关系给城市基础设施的运行带来了巨大压力。建立一个韧性交通系统，使其有效地适应各种干扰，并能在严重拥堵下迅速恢复，是应对这一挑战的核心任务。研究如何建立韧性交通系统，一个基本的问题是城市交通流在接近其运行临界点时是如何崩溃的。城市交通是一个同时具有空间、时间特征的系统，因此我们不仅要关注路网的静态结构，而且要关注它的流组织结构。在这种流组织结构中，一定时期内的交通需求会随着时间和地点的变化而变化。在这个意义上，如何将经典交通调控方法（如信号控制、道路收费等）和交通流网络的组织特点结合起来，从宏观尺度上调节流网络供需的均匀程度（如保证一定数量的长程连接），是未来值得思考的问题。

不同城市时空拥堵的相似标度律可能是自组织临界机制造成的。这样的标度律对于理解交通拥堵的时空特征非常重要。以此为基础，未来可将不同城市的交通依据其标度律关系进行分类，每一类交通具有相同的标度函数，其对应不同的韧性管理需求。而需要进一步探究的问题是：哪些交通管理要素对于确定韧性标度函数至关重要，哪些又是不相关的？此外，交通韧性的这些普适性规律也有很强的实际意义。具体来说，在进行韧性管理时，可以选择最容易处理的交通堵塞进行研究，这将有助于预测所有其他同类交通拥堵的行为。利用子团大小与恢复时间之间的关系，可以预测拥堵影响行为，为交通管理提供决策支持。

城市交通系统是一个非平衡的复杂系统。面临不断增加的不确定性和各种外界扰动的挑战（如极端天气、交通事故等），理解和探索交通系统适应和恢复能力的本质是至关重要的。在交通系统中存在的长程连接关系，以及超大城市通勤交通的动态波动，可能是城市交通产生多个宏观状态的原因。进一步而言，交通系统中发现的多态现象以及这些状态之间的转换方式与统计物理学中的滞回现象高度相似，这从某种程度上证明了统计物理学在复杂系统中的应用价值。交通多态现象的发现也可以为未来交通管理方法提供启示。首先，单态-多态域转换的临界点是交通调控措施启动和布置的参考点。有了这个临界点，我们就可以设计基于交通速度或流量的预警信号。其次，当系统处于多态域时，相比于经典的以车辆密度为目标的调控,考虑如何使交通系统保持高性能态或尽快从低性能状态恢复过来，可能是未来交通管理的宏观目标。

与效率导向的交通管理模式不同，本书提出的交通管理框架提供了一种健康导向的管理目标。现有的 PHM 方法主要用于分析设备级或者简单系统级的健康管理问题，目前对于大规模复杂系统（如超大城市交通是一个典型的人-车-路-云的复杂系统）的健康管理仍然较少关注。因此，亟须提出一种新的复杂系统健康管理理念，而其中的关键在于理解复杂系统的负向涌现行为。然而，考虑到复杂系统中海量的要素单元以及这些单元之间错综复杂的相互作用，其状态空间巨大（“维度灾难”），因此经典的统计分析或机器学习方法都难以对可能出现的故障因素进行分析。基于渗流的分析方法提供了一种从系统相变角度研究系统状态的途径，将可能的系统状态降维成“有序（健康）”和“无序（非健康）”两个相，表征系统的宏观功能，不用过分考虑微观尺度上各单元之间的相互作用或相互依赖关系。这样我们可以更多地关注系统从宏观健康态转变为宏观非健康态的临界条件，从而支持“治未病”的交通管理决策，有助于启发未来复杂交通系统以及其他关键基础设施的可靠性管理范式变革。